Bryn Mawr Greek Commentaries

Isaeus' Orations 2 and 6

Deborah Kamen

Thomas Library
Bryn Mawr College
Bryn Mawr, Pennsylvania

Copyright ©2000 by **Bryn Mawr Commentaries**

Manufactured in the United States of America
ISBN 0-929524-96-9
Printed and distributed by
Bryn Mawr Commentaries
Thomas Library
Bryn Mawr College
101 North Merion Avenue
Bryn Mawr, PA 19010-2899

Series Preface

These lexical and grammatical notes are meant not as a full-scale commentary but as a clear and concise aid to the beginning student. The editors have been told to resist their critical impulses and to say only what will help the student read the text. Our commentaries, then, are the beginning of the interpretive process, not the end.

We expect that the student will know the basic Attic declensions and conjugations, basic grammar (the common functions of cases and moods; the common types of clauses and conditions), and how to use a dictionary. In general we have tried to avoid duplication of material easily extractable from the lexicon, but we have included help with the odd verb forms, and recognizing that endless page-flipping can be counter-productive, we have provided the occasional bonus of assistance with uncommon vocabulary.

These commentaries are based on the Oxford Classical Text unless otherwise noted. Oxford University Press has kindly allowed us to print its edition of the Greek text in cases where we thought it would be particularly beneficial to the student.

Production of these commentaries has been made possible by a generous grant from the Division of Education Programs, the National Endowment for the Humanities.

Richard Hamilton
General Editor

Volume Preface

The details of Isaeus' life are quite sketchy, more so than any other of the Attic orators. No contemporary writers allude to him, and we do not even know for sure where he was from—some say Athens, others Chalcis in Euboea. We do know, however, Isaeus' trade: he was a professional speech-writer (logographer). In other words, he did not actually present (as far as we know) to the court; he simply prepared "scripts" for his clients. All of his cases deal with inheritance of estates: 64 titles are known, 50 of which are thought genuine, and only 11 of which survive completely.

Of his training, we hear that he was the teacher of Demosthenes and was taught by Isocrates, and it is apparent that he studied the speeches of Lysias. Essentially, then, his reputation is defined by his (famous) teacher and (famous) student—an initial indication, perhaps, of his relative neglect as worthy in his own right. He is, in fact, barely treated by modern scholars, whereas Demosthenes, for instance, is extremely well-studied.

This discrepancy, however, is easily understandable, for a number of reasons. Primarily, it is because the remaining corpus of Demosthenes is huge: three volumes in the Oxford Classical Text Series. Of the orators, he has the clearest style, and provides the most information about Athenian fourth-century law practices. In the texts we have of other orators, laws (and depositions, testimony, etc.) are alluded to and were clearly read out loud but are not preserved in the text, due to multiple manuscript copyings (and editings). By a stroke of good luck (for us), this material remains in most of Demosthenes' orations, and thus gives a fuller picture of how a trial actually ran. This is assuming, of course, that the text we have is what was actually said, though we are never likely to resolve this disputed point. But why the profound interest in, say, Isocrates and Lysias over Isaeus?

Another reason can be found—in part—in the history of scholarship on the orators. In the 19th century, the orators were widely read, playing a large role in school curricula: primarily because as rhetoric, the orators provided a clear example of "model" prose, and secondly because the time period from which the orators come is one entirely lacking in narrative history (i.e., post-Peloponnesian War, for which we have Thucydides). But in 1867, a scholar named Hermann Stedenfeldt pointed out a seemingly (to us, at least) blatant point: if these orators were simply trying to *win* their cases, how do we know they were telling the truth? This new perspective—namely that the

Attic orators are worthless as sources of information for us because of their dishonesty—continued into the twentieth century. We can see such anti-orator hostility in William Wyse, who has written the only commentary on Isaeus before this one. The scholar Stephen Todd[1] believes that since the 1960's, however, the orators' reputations have begun to be redeemed. He attributes the resurgence of their popularity to two possible factors: either that the young are "now hopelessly corrupted anyway"; or that the number of students learning Greek by "crash-course" at the university level has increased, creating a demand for simple prose-authors for classroom use. This attitude strikes me as slightly facetious; but whatever the cause, I hope Todd is correct in discerning a genuine trend. I think it more likely that their popularity is due to the fact that they are the only classical Greek writers not *over*studied; and the fact that they provide good information for cultural history (a rapidly growing subfield of Classics).

Further reasons for disregard of Isaeus are his lack of clarity and the technical nature of his arguments. Scholars often describe him as presenting with full confidence even cases based on the weakest evidence—a practice which leads to terribly convoluted argumentation. In addition, because these cases all involve disputes over rightful inheritance, we are presented with extended family trees, a multitude of unfamiliar-sounding names and familial connections. Presumably, these were not difficult aspects for a Greek audience to grasp, but for us, not immersed in the Greeks' kin-oriented society, the details seem burdensome.

On the other hand, the technical nature of his arguments is also one of Isaeus' greatest contributions. In addition to the information his speeches provide about rhetorical technique (playing to the audience by using a simple style and saying the speaker's wealth was used for common good), we learn a great deal about legitimacy and citizenship from Isaeus. Indeed, I think his importance—in particular for Greek cultural history—has yet to be fully acknowledged. So far, scholars have been irresponsible in using Isaeus as source, either blindly trusting the speaker, or dismissing him too readily.

---

[1] S.C. Todd, "The Use and Abuse of the Attic Orators," *Greece and Rome*, vol. 37 (1990), pp. 159-178.

Acknowledgements

I would like to thank the Bryn Mawr Dorothy Nepper Marshall Fellowship Committee, for providing me with the opportunity (and the means) to produce this commentary and to teach Isaeus in the classroom; the '97-'98 "Baby Greek" class, for so cooperatively being this commentary's guinea pigs; Lene Rubinstein at the University of London, Royal Holloway, for graciously offering her assistance; and the Classics faculty at Bryn Mawr, in particular Professor Gregory Dickerson, for serving as my teaching mentor, and Professor Richard Hamilton, for helping me tremendously on this commentary and for inciting me to pursue my interest in Classics.

Deborah Kamen
Berkeley, October 1999

Abbreviations

B: Burkert, Walter. *Greek Religion*, trans. John Raffan. Cambridge, Mass.: Harvard University Press, 1985.

dB: duBois, Page. *Torture and Truth*. New York: Routledge, 1991.

F: *Isaeus*, trans. Edward Seymour Forster. Cambridge, Mass.: Loeb Classical Library, Harvard University Press, 1983.

G: Garland, Robert. *The Greek Way of Death*. London: Duckworth, 1985.

H: Harrison, A.R.W. *The Law in Classical Athens*. Part I. Oxford: Clarendon Press, 1968.

K: Kearns, Emily. *The Heroes of Attica*. London: Institute of Classical Studies, 1989.

L: Lambert, S.D. *The Phratries of Attica*. Ann Arbor: University of Michigan Press, 1996.

M: MacDowell, D.M. *The Law in Classical Athens*. London: Thames and Hudson, 1978.

Mi: Millett, Paul. *Lending and Borrowing in Ancient Athens*. Cambridge: Cambridge University Press, 1991.

OCD^3: Simon Hornblower and Antony Spawforth (edd.). *Oxford Classical Dictionary*. Third Edition. Oxford: Oxford University Press, 1996.

P: Parke, H.W. *Festivals of the Athenians*. Ithaca: Cornell University Press, 1994.

T: Todd, S.C. *The Shape of Athenian Law*. Oxford: Clarendon Press, 1995.

W: Wyse, William, *The Speeches of Isaeus*. Cambridge: Cambridge University Press, 1904.

Wh: Whitehead, David. *Demes of Attica*. Princeton: Princeton University Press, 1986.

II. ΠΕΡΙ ΤΟΥ ΜΕΝΕΚΛΕΟΥΣ ΚΛΗΡΟΥ

ΥΠΟΘΕΣΙΣ

A   Μενεκλέους ποιησαμένου υἱὸν καὶ ἐπιβιώσαντος τῇ ποιήσει εἴκοσι τρία ἔτη, ἀδελφῶν ἀμφισβητησάντων τοῦ κλήρου ἐμαρτύρησέ τις Φιλωνίδης μὴ εἶναι τὸν κλῆρον ἐπίδικον, καταλείψαντος υἱὸν Μενεκλέους. τούτῳ ἐπέσκηψαν ψευδομαρτυρίας οἱ ἀδελφοί, καὶ πρὸς τούτους ὁ παῖς ὑπὲρ αὐτοῦ τὴν ἀπολογίαν εἰσέρχεται. ἔστι δὲ ὁ λόγος οὗτος ἐναντίος τῷ περὶ τοῦ Κλεωνύμου κλήρου· ἐκεῖ μὲν γὰρ ὑπὲρ συγγενείας εἶπεν, ὧδε δὲ ὑπὲρ διαθήκης. ἡ στάσις ἀντίληψις κατὰ στοχασμόν· λέγει γὰρ ὅτι ἐξῆν αὐτῷ ποιεῖν ἑαυτῷ υἱόν. εἶτα τὸ στοχαστικόν, ὅτι οὐ πεισθεὶς γυναικὶ ἐποιήσατό με.

1   Ἡγούμην μέν, ὦ ἄνδρες, εἴ τις καὶ ἄλλος ἐποιήθη ὑπό τινος κατὰ τοὺς νόμους, καὶ ἐγὼ ποιηθῆναι, καὶ οὐκ ἄν ποτε εἰπεῖν οὐδένα τολμῆσαι ὡς ἐποιήσατό με Μενεκλῆς παρανοῶν ἢ γυναικὶ πιθόμενος· ἐπειδὴ δὲ ὁ θεῖος οὐκ ὀρθῶς βουλευόμενος, ὡς ἐγώ φημι, πειρᾶται ἐξ ἅπαντος τρόπου τὸν ἀδελφὸν τὸν αὑτοῦ ἄπαιδα τεθνεῶτα καταστῆσαι, οὔτε τοὺς θεοὺς τοὺς πατρῴους οὔθ᾽ ὑμῶν αἰσχυνόμενος οὐδένα, ἐμοὶ ἀνάγκη ἐστὶ πολλὴ βοηθεῖν τῷ τε
2   πατρὶ τῷ ποιησαμένῳ με καὶ ἐμαυτῷ. διδάξω οὖν ὑμᾶς ἐξ ἀρχῆς ὡς προσηκόντως τε καὶ κατὰ τοὺς νόμους ἐγένετο ἡ ποίησις καὶ οὐκ ἔστιν ἐπίδικος ὁ κλῆρος ὁ Μενεκλέους ὄντος ἐμοῦ υἱοῦ ἐκείνου, ἀλλ᾽ ὁ μάρτυς διεμαρτύρησε τἀληθῆ. δέομαι δ᾽ ὑμῶν ἁπάντων καὶ ἀντιβολῶ καὶ ἱκετεύω μετ᾽ εὐνοίας ἀποδέχεσθαί μου τοὺς λόγους.
3   ἐπώνυμος γὰρ ὁ Ἀχαρνεύς, ὁ πατὴρ ὁ ἡμέτερος, ὦ ἄνδρες, φίλος ἦν καὶ ἐπιτήδειος Μενεκλεῖ καὶ ἐχρῆτο οἰκείως· ἦμεν δὲ αὐτῷ παῖδες τέτταρες ἡμεῖς, δύο μὲν υἱεῖς, δύο δὲ θυγατέρες. τελευτήσαντος δὲ τοῦ πατρὸς ἐκδίδομεν ἡμεῖς τὴν πρεσβυτέραν ἀδελφήν, ἐπειδὴ εἶχεν ὥραν, Λευκολόφῳ, προῖκα ἐπιδόντες εἴκοσι
4   μνᾶς. καὶ ἀπ᾽ ἐκείνου τοῦ χρόνου τετάρτῳ ἔτει ἢ πέμπτῳ ὕστερον ἥ τε ἀδελφὴ ἡμῖν ἡ νεωτέρα σχεδὸν ἡλικίαν εἶχεν ἀνδρὶ συνοικεῖν, καὶ τῷ Μενεκλεῖ ἡ γυνὴ τελευτᾷ ἣν εἶχε πρότερον. ἐπειδὴ οὖν ἐκείνῃ τὰ νομιζόμενα ἐποίησεν ὁ Μενεκλῆς, ᾔτει τὴν ἀδελφὴν ἡμᾶς, ὑπομιμνῄσκων τήν τε φιλίαν τὴν τοῦ πατρὸς καὶ ἑαυτοῦ,
5   καὶ ὡς πρὸς ἡμᾶς αὐτοὺς ἦν διακείμενος· καὶ ἡμεῖς εἰδότες ὅτι καὶ ὁ πατὴρ οὐδενὶ ἂν ἔδωκεν ἥδιον ἢ ἐκείνῳ, δίδομεν αὐτῷ, οὐκ ἄπροικον, ὡς οὗτος λέγει ἑκάστοτε, ἀλλὰ τὴν ἴσην προῖκα ἐπιδόντες ἥνπερ καὶ τῇ πρεσβυτέρᾳ ἀδελφῇ ἐπέδομεν· καὶ ἐκ τοῦ

τρόπου τούτου, πρότερον ὄντες αὐτοῦ φίλοι, κατέστημεν οἰκεῖοι. Καὶ ὡς ἔλαβεν εἴκοσι μνᾶς ὁ Μενεκλῆς ἐπὶ τῇ ἀδελφῇ προῖκα, τὴν μαρτυρίαν ταύτην πρῶτον βούλομαι παρασχέσθαι.

<μαρτυρία>

6 ἐκδόντες τοίνυν τὰς ἀδελφάς, ὦ ἄνδρες, καὶ ὄντες αὐτοὶ ἐν ἡλικίᾳ ἐπὶ τὸ στρατεύεσθαι ἐτραπόμεθα, καὶ ἀπεδημήσαμεν μετὰ Ἰφικράτους εἰς Θρᾴκην· ἐκεῖ δὲ δόξαντές του εἶναι ἄξιοι περιποιησάμενοί τι κατεπλεύσαμεν δεῦρο, καὶ καταλαμβάνομεν τῇ πρεσβυτέρᾳ ἀδελφῇ ὄντα δύο παιδία, τὴν δὲ νεωτέραν, ἣν εἶχε 7 Μενεκλῆς, ἄπαιδα. καὶ ἐκεῖνος δευτέρῳ μηνὶ ἢ τρίτῳ, πολλὰ ἐπαινέσας τὴν ἀδελφήν, λόγους ἐποιεῖτο πρὸς ἡμᾶς καὶ ἔφη τήν τε ἡλικίαν ὑφορᾶσθαι τὴν ἑαυτοῦ καὶ τὴν ἀπαιδίαν· οὔκουν ἔφη δεῖν ἐκείνην τῆς χρηστότητος τῆς ἑαυτῆς τοῦτο ἀπολαῦσαι, ἄπαιδα καταστῆναι συγκαταγηράσασαν αὐτῷ· ἱκανὸς γὰρ ἔφη αὐτὸς 8 ἀτυχῶν εἶναι. [καὶ ἐκ ταύτης τῆς λέξεως δῆλον ὅτι φιλῶν ἀπεβάλετο· οὐδεὶς γὰρ μισῶν τινα ἱκετεύει αὐτῷ.] ἐδεῖτο οὖν ἡμῶν δοῦναι χάριν ταύτην αὐτῷ, ἐκδοῦναι ἄλλῳ αὐτὴν μετὰ τῆς γνώμης τῆς ἑαυτοῦ. καὶ ἡμεῖς ἐκελεύομεν αὐτὸν πείθειν αὐτὴν περὶ τούτων· ὅ τι γὰρ <ἂν> ἐκείνη πεισθῇ, τοῦτ' ἔφαμεν ποιήσειν. 9 κἀκείνη τὸ μὲν πρῶτον οὐδ' ἠνέσχετ' αὐτοῦ λέγοντος, προϊόντος δὲ τοῦ χρόνου μόλις ἐπείσθη· καὶ οὕτως ἐκδίδομεν αὐτὴν Ἠλείῳ Σφηττίῳ, καὶ ὁ Μενεκλῆς τήν τε προῖκα ἐπιδίδωσιν αὐτῷ, μετασχὼν τοῦ οἴκου τῆς μισθώσεως τῶν παίδων τῶν Νικίου, καὶ τὰ ἱμάτια, ἃ ἦλθεν ἔχουσα παρ' ἐκεῖνον, καὶ τὰ χρυσίδια, ἃ ἦν, 10 δίδωσιν αὐτῇ. μετὰ δὲ ταῦτα χρόνου διαγενομένου ἐσκόπει ὁ Μενεκλῆς ὅπως μὴ ἔσοιτο ἄπαις, ἀλλ' ἔσοιτο αὐτῷ ὅς τις ζῶντα γηροτροφήσοι καὶ τελευτήσαντα θάψοι αὐτὸν καὶ εἰς τὸν ἔπειτα χρόνον τὰ νομιζόμενα αὐτῷ ποιήσοι. τούτῳ μὲν οὖν ἑώρα ἕνα μόνον υἱὸν ὄντα, ὥστε ἐδόκει αὐτῷ αἰσχρὸν εἶναι ἄπαιδα τοῦτον καθιστάντα ἀρρένων παίδων αὐτῷ κελεύειν δοῦναι τοῦτον 11 εἰσποιήσασθαι. εὕρισκεν οὖν οὐδένα ἄλλον οἰκειότερον ὄνθ' ἡμῶν ἑαυτῷ. λόγους οὖν πρὸς ἡμᾶς ἐποιεῖτο, καὶ ἔφη δοκεῖν αὐτῷ καλῶς ἔχειν, ἐπειδὴ οὕτως αὐτῷ ἡ τύχη συνέβη ὥστε ἐκ τῆς ἀδελφῆς τῆς ἡμετέρας παῖδας αὐτῷ μὴ γενέσθαι, ἐκ ταύτης τῆς οἰκίας υἱὸν αὐτῷ ποιήσασθαι, ὅθεν καὶ φύσει παῖδας ἐβουλήθη ἂν αὑτῷ γενέσθαι· ὑμῶν οὖν, ἔφη, βούλομαι τὸν ἕτερον ποιήσασθαι, 12 ὁποτέρῳ ὑμῶν καλῶς ἔχει. καὶ ὁ ἀδελφὸς ὁ ἐμὸς ἀκούσας ταῦτα [ἐπειδὴ προετίμησεν αὐτοὺς πάντων], ἐπῄνεσέ τε τοὺς λόγους αὐτοῦ καὶ εἶπεν ὅτι δέοιτο ἥ τε ἡλικία καὶ ἡ παροῦσα ἐρημία ἐκείνου τοῦ θεραπεύσοντος αὐτὸν καὶ ἐπιδημήσοντος· ἐμοὶ μὲν οὖν,

ἔφη, συμβαίνει ἀποδημία, ὡς σὺ οἶσθα· ὁ δὲ ἀδελφὸς οὑτοσί, ἐμὲ λέγων, τῶν τε σῶν ἐπιμελήσεται καὶ τῶν ἐμῶν, ἐὰν βούλῃ τοῦτον ποιήσασθαι. καὶ ὁ Μενεκλῆς καλῶς ἔφη αὐτὸν λέγειν καὶ ἐκ τοῦ τρόπου τούτου ποιεῖταί με.

13 ὡς οὖν κατὰ τοὺς νόμους ἐγένετο ἡ ποίησις, τοῦτο ὑμᾶς βούλομαι διδάξαι. καί μοι τὸν νόμον ἀνάγνωθι, ὃς κελεύει τὰ ἑαυτοῦ ἐξεῖναι διαθέσθαι ὅπως ἂν ἐθέλῃ, ἐὰν μὴ παῖδες ἄρρενες ὦσι γνήσιοι. ὁ γὰρ νομοθέτης, ὦ ἄνδρες, διὰ τοῦτο τὸν νόμον ἔθηκεν οὕτως, ὁρῶν μόνην ταύτην καταφυγὴν οὖσαν τῆς ἐρημίας καὶ παραψυχὴν τοῦ βίου τοῖς ἅπασι τῶν ἀνθρώπων, τὸ

14 ἐξεῖναι ποιήσασθαι ὅν τινα ἂν βούλωνται. διδόντων οὖν τῶν νόμων αὐτῷ ποιεῖσθαι διὰ τὸ εἶναι ἄπαιδα, ἐμὲ ποιεῖται, οὐκ ἐν διαθήκαις, ὦ ἄνδρες, γράψας, μέλλων ἀποθνῄσκειν, ὥσπερ ἄλλοι τινὲς τῶν πολιτῶν, οὐδ' ἀσθενῶν· ἀλλ' ὑγιαίνων, εὖ φρονῶν, εὖ νοῶν ποιησάμενος εἰσάγει με εἰς τοὺς φράτορας παρόντων τούτων,

15 καὶ εἰς τοὺς δημότας με ἐγγράφει καὶ εἰς τοὺς ὀργεῶνας. καὶ τότε μὲν οὐδὲν ἀντέλεγον αὐτῷ οὗτοι ὡς <οὐκ> εὖ φρονοῦντι· καίτοι πολὺ κάλλιον ἦν ζῶντα πείθειν ἐκεῖνον, εἴ τι βούλοιντο, μᾶλλον ἢ τελευτήσαντα ὑβρίζειν καὶ ἐξερημοῦν αὐτοῦ τὸν οἶκον. ἐπεβίω γὰρ ἐκεῖνος μετὰ τὴν ποίησιν οὐκ ἐνιαυτὸν ἕνα ἢ δύο, ἀλλὰ τρία καὶ εἴκοσιν ἔτη· καὶ ἐν τούτῳ τῷ χρόνῳ, τοσούτῳ ὄντι, οὐδὲν ἐκεῖνος μετέγνω τῶν πεπραγμένων ἑαυτῷ, διὰ τὸ παρὰ πάντων

16 ὁμολογεῖσθαι ὅτι ἦν ὀρθῶς βεβουλευμένος. καὶ ὡς ἀληθῆ λέγω ταῦτα, τῆς μὲν ποιήσεως ὑμῖν τοὺς φράτορας καὶ τοὺς ὀργεῶνας καὶ τοὺς δημότας παρέξομαι μάρτυρας, ὡς δ' ἐξῆν ποιήσασθαι, τὸν νόμον αὐτὸν ὑμῖν ἀναγνώσεται, καθ' ὃν ἡ ποίησις ἐγένετο. καί μοι τὰς μαρτυρίας ἀνάγνωθι ταύτας καὶ τὸν νόμον.

<μαρτυρίαι. νόμος>

17 ὡς μὲν τοίνυν ἐξῆν τῷ Μενεκλεῖ ποιήσασθαι υἱὸν αὐτῷ ὅν τινα ἐβούλετο, ὁ νόμος αὐτὸς ὑμῖν δηλοῖ· ὡς δὲ ἐποιήσατο, οἵ τε φράτορες καὶ οἱ δημόται καὶ οἱ ὀργεῶνες ὑμῖν μεμαρτυρήκασιν· ὥστε περιφανῶς ἀποδέδεικται ἡμῖν, ὦ ἄνδρες, ὁ μάρτυς τἀληθῆ διαμεμαρτυρηκώς, καὶ οὗτοι πρός γε τὴν ποίησιν αὐτὴν λόγον οὐδ' ὁντινοῦν δύναιντ' ἂν ἀντειπεῖν.

18 πραχθέντων δὲ τούτων ἐσκόπει ὁ Μενεκλῆς γυναῖκά μοι, καὶ ἔφη με χρῆναι γῆμαι· καὶ ἐγὼ λαμβάνω τὴν τοῦ Φιλωνίδου θυγατέρα. κἀκεῖνός τε τὴν πρόνοιαν εἶχεν ἥνπερ εἰκός ἐστι πατέρα περὶ υἱέος ἔχειν, καὶ ἐγὼ τὸν αὐτὸν τρόπον ὥσπερ γόνῳ ὄντα πατέρα ἐμαυτοῦ ἐθεράπευόν τε καὶ ᾐσχυνόμην, καὶ ἐγὼ καὶ ἡ γυνὴ ἡ ἐμή, ὥστ' ἐκεῖνον πρὸς τοὺς δημότας ἐπαινεῖν ἅπαντας.

19 ὅτι δὲ οὐ παρανοῶν οὐδὲ γυναικὶ πειθόμενος ὁ Μενεκλῆς ἐποιήσατο, ἀλλ' εὖ φρονῶν, ἐνθένδε ἐστὶν ὑμῖν ῥᾴδιον ἐπιγνῶναι. πρῶτον μὲν γὰρ ἡ ἀδελφή, περὶ ἧς οὗτος τὸν πλεῖστον τοῦ λόγου πεποίηται, ὡς ἐκείνῃ πεισθεὶς ἐμὲ ἐποιήσατο, πολλῷ πρότερον ἦν ἐκδεδομένη ἢ τὴν ποίησιν γενέσθαι, ὥστ' εἴ γ' ἐκείνῃ πεισθεὶς τὸν ὑὸν ἐποιεῖτο, τῶν ἐκείνης παίδων τὸν ἕτερον ἐποιήσατ' ἄν·
20 δύο γάρ εἰσιν αὐτῇ. ἀλλ', ὦ ἄνδρες, οὐχ ὑπ' ἐκείνης πεισθεὶς ἐμὲ ἐποιήσατο ὑόν, ἀλλὰ μάλιστα μὲν ὑπὸ τῆς ἐρημίας [ἐπείσθη], δεύτερον δὲ διὰ τὰς προειρημένας αἰτίας καὶ διὰ τὴν εὔνοιαν τὴν ὑπάρχουσαν πρὸς τὸν πατέρα τὸν ἐμόν, τρίτον δὲ διὰ τὸ μὴ εἶναι συγγενῆ μηδέν· ἄλλον αὐτῷ, ὁπόθεν ἂν ἐποιήσατο ὑόν. Ταῦτα τηνικαῦτα ἐνῆγεν ἐμὲ ποιήσασθαι· ὥστε οὐ παραφρονῶν φαίνεται οὐδὲ τῇ γυναικὶ πεισθείς, εἰ μὴ ἄρα τὴν ἐρημίαν αὐτοῦ καὶ τὴν ἀπαιδίαν οὗτος βούλεται τὸ ὄνομα τοῦτο προσαγορεύειν.
21 ἡδέως δ' ἄν μοι δοκῶ τούτου πυθέσθαι τοῦ φάσκοντος εὖ φρονεῖν, τίνα ποιήσασθαι ἐχρῆν [ἀπὸ] τῶν συγγενῶν; πότερα τὸν ὑὸν τὸν τούτου; ἀλλ' οὐκ ἂν αὐτῷ ἔδωκεν, ἄπαιδα αὐτὸν καθιστάς· οὐχ οὕτως οὗτός ἐστι φιλοχρήματος. ἀλλὰ τὸν τῆς ἀδελφῆς ἢ τὸν τῆς ἀνεψιᾶς ἢ τὸν τοῦ ἀνεψιοῦ; ἀλλὰ τὴν ἀρχὴν οὐκ
22 ἐγένετο αὐτῷ οὐδεὶς τούτων τῶν συγγενῶν. οὐκοῦν ἐξ ἀνάγκης ἦν αὐτῷ ἄλλον τινὰ ποιήσασθαι μᾶλλον ἢ ἄπαιδα καταγηρᾶν, ὥσπερ οὗτος ἀξιοῖ νυνὶ αὐτόν. ἐγὼ τοίνυν πάντας [ἀνθρώπους] ἂν οἶμαι ὁμολογῆσαι ὑμᾶς ὡς οὐκ ἂν ποιησάμενος ἄλλον οἰκειότερον ἐμοῦ ἐποιήσατ' ἄν. δειξάτω γὰρ οὗτος ὑμῖν. ἀλλ' οὐκ ἄν ποτε δύναιτο· ἦν γὰρ οὐδεὶς ἄλλος συγγενὴς αὐτῷ πλὴν τούτων.
23 ἀλλὰ νῦν οὗτος ἐπιτιμῶν αὐτῷ φαίνεται οὐχ ὅτι τὸν ὑὸν οὐκ ἐποιήσατο τὸν αὑτοῦ, ἀλλ' ὅτι τὸ παράπαν ἐποιήσατο καὶ οὐκ ἐτελεύτησεν ἄπαις· τοῦτ' ἔστιν ὃ ἐπιτιμᾷ, ἐπίφθονον πρᾶγμα καὶ οὐ δίκαιον ποιῶν· ὄντων γὰρ αὐτῷ παίδων ἐκείνῳ ὄντι ἀπαιδι
24 καὶ ἀτυχοῦντι φαίνεται ἐπιτιμῶν. καὶ τοῖς μὲν ἄλλοις ἅπασιν ἀνθρώποις καὶ Ἕλλησι καὶ βαρβάροις δοκεῖ καλῶς οὗτος ὁ νόμος κεῖσθαι, ὁ περὶ τῆς ποιήσεως, καὶ διὰ τοῦτο χρῶνται πάντες αὐτῷ· ὁ δὲ θεῖος οὑτοσὶ οὐκ αἰσχύνεται τὸν αὑτοῦ ἀδελφὸν ταύτης τῆς ἐξουσίας ἀποστερῶν νῦν, τοῦ ποιήσασθαι, ἧς οὐδὲ τοῖς οὐ
25 γένει προσήκουσιν οὐδεὶς πώποτε ἐφθόνησεν. οἶμαι δὲ κἂν τοῦτον, εἴ τις ἐρωτήσειεν αὐτὸν τί δή ποτ' ἂν ἐποίησεν εἰς τὴν αὐτὴν τύχην ἐκείνῳ καταστάς, οὐκ ἄλλ' οὐδὲν εἰπεῖν ἢ ὅτι ἐποιήσατ' ἄν ὅς τις αὐτὸν ἔμελλε ζῶντά θεραπεύσειν καὶ τελευτήσαντα θάψειν· καὶ δῆλον ὅτι κατὰ τὸν αὐτὸν τοῦτον νόμον ἡ ποίησις ἐγένετ' ἄν, καθ' ὅν περ ἡ ἐμή. εἶτα αὐτὸς μὲν εἰ ἦν ἄπαις, ἐποιήσατ' ἄν· τὸν δὲ Μενεκλέα ποιήσαντα ταῦτα τούτῳ
26 παραφρονεῖν φησι καὶ γυναικὶ πειθόμενον ποιήσασθαι. πῶς οὖν οὐ

σχέτλια λέγων φαίνεται; ἐγὼ γὰρ οἶμαι πολλῷ μᾶλλον τοῦτον παραφρονεῖν τῷ τε λόγῳ τούτῳ ᾧ νυνὶ λέγει καὶ οἷς ποιεῖ. τοῖς τε γὰρ νόμοις καὶ <τοῖς> δικαίοις καὶ οἷς αὐτὸς ἐποίησεν ἂν τἀναντία λέγων φαίνεται, καὶ οὐκ αἰσχύνεται μὲν αὐτῷ μὲν τὸν νόμον τὸν περὶ τῆς ποιήσεως ποιῶν κύριον, τῷ δὲ ἀδελφῷ τὸν αὐτὸν τοῦτον ζητῶν ἄκυρον ποιῆσαι.

27 εἶτα νῦν διὰ τί διαφερόμενος ζητεῖ οὗτος τὸν ἀδελφὸν τὸν ἑαυτοῦ ἄπαιδα καταστῆσαι, ἄξιόν ἐστιν, ὦ ἄνδρες, ἀκοῦσαι. εἰ μὲν γὰρ περὶ τοῦ ὀνόματός μοι διαφέρεται καὶ ἀναίνεται, εἰ ἐγὼ ἔσομαι ὑὸς Μενεκλέους, πῶς οὐ φθονερός ἐστιν; εἰ δὲ περὶ χρημάτων ἐστὶν ὁ λόγος αὐτῷ, ἐπιδειξάτω ὑμῖν ὁποῖον χωρίον ἢ συνοικίαν ἢ οἰκίαν κατέλιπεν ἐκεῖνος, ἃ ἐγὼ ἔχω νυνί. εἰ δὲ μηδὲν τούτων κατέλιπεν, ἃ δ' ἦν αὐτῷ ὑπόλοιπα, ἐπειδὴ τῷ ὀρφανῷ τὸ ἀργύριον ἀπέδωκεν, οὗτος ἔλαβε ζῶντος ἐκείνου ἔτι,

28 πῶς οὐ περιφανῶς ἐξελέγχεται ἀναιδὴς ὤν; ὡς δὲ ἔχει, ἐγὼ ἐπιδείξω. ἐπειδὴ γὰρ ἔδει τῷ ὀρφανῷ τὰ χρήματα ἀποδιδόναι, ὁ δ' οὐκ εἶχεν ὁπόθεν ἀποδῷ, τόκοι δὲ πολλοῦ χρόνου συνερρυηκότες ἦσαν αὐτῷ, τὸ χωρίον ἐπώλει. καὶ οὗτος καιροῦ λαβόμενος καὶ βουλόμενος αὐτῷ ἐπηρεάζειν, ὅτι ἐμὲ ἐποιήσατο, διεκώλυε τὸ χωρίον πραθῆναι, ἵνα κατοκώχιμον γένηται καὶ ἀναγκασθῇ τῷ ὀρφανῷ ἀποστῆναι. ἠμφισβήτει οὖν αὐτῷ μέρους τινὸς τοῦ χωρίου, πρότερον οὐδεπώποτε ἀμφισβητήσας, καὶ ἀπηγόρευε τοῖς

29 ὠνουμένοις μὴ ὠνεῖσθαι. κἀκεῖνος ἠγανάκτει, οἶμαι, καὶ ἠναγκάζετο ὑπολείπεσθαι οὗ ἠμφισβήτησεν οὗτος. τὸ δὲ ἄλλο ἀποδίδοται Φιλίππῳ τῷ Πιθεῖ ἑβδομήκοντα μνῶν, καὶ οὕτω διαλύει τὸν ὀρφανόν, ἑπτὰ μνᾶς καὶ τάλαντον ἀποδοὺς ἀπὸ τῆς τιμῆς τοῦ χωρίου· τούτῳ δὲ λαγχάνει δίκην τῆς ἀπορρήσεως. λόγων δὲ πολλῶν γενομένων καὶ ἔχθρας πολλῆς ἔδοξεν ἡμῖν χρῆναι, ἵνα μή ποτε εἴπῃ τις ἐμὲ φιλοχρηματεῖν καὶ ἐχθροὺς ἀδελφοὺς ὄντας αὐτοὺς καθιστάναι, ἐπιτρέψαι τῷ τε κηδεστῇ τῷ

30 τούτου καὶ τοῖς φίλοις διαιτῆσαι. ἐκεῖνοι δ' εἶπον ἡμῖν, εἰ μὲν ἐπιτρέποιμεν αὐτοῖς ὥστε τὰ δίκαια διαγνῶναι, οὐκ ἂν ἔφασαν διαιτῆσαι· οὐδὲν γὰρ δεῖσθαι ἀπεχθέσθαι οὐδετέροις ἡμῶν· εἰ δ' ἐάσομεν αὐτοὺς γνῶναι τὰ συμφέροντα πᾶσιν, ἔφασαν διαιτήσειν. καὶ ἡμεῖς, ἵνα δὴ πραγμάτων ἀπαλλαγῶμεν, ὥς γε

31 δὴ ᾠόμεθα, οὕτως ἐπιτρέπομεν. καὶ ἐκεῖνοι ὀμόσαντες ἡμῖν πρὸς τῷ βωμῷ τῷ τῆς Ἀφροδίτης Κεφαλῆσι τὰ συμφέροντα γνώσεσθαι, διῄτησαν ἡμᾶς ἀποστῆναι ὧν οὗτος ἠμφισβήτησε καὶ δοῦναι δωρεάν· οὐ γὰρ ἔφασαν εἶναι ἄλλην ἀπαλλαγὴν οὐδεμίαν, εἰ μὴ

32 μεταλήψονται οὗτοι τῶν ἐκείνου. ἐκ δὲ τοῦ λοιποῦ χρόνου ἔγνωσαν ἡμᾶς εὖ ποιεῖν ἀλλήλους καὶ λόγῳ καὶ ἔργῳ, καὶ ταῦτα ὀμόσαι ἠνάγκασαν ἡμᾶς ἀμφοτέρους πρὸς τῷ βωμῷ ἦ μὴν

ποιήσειν· καὶ ἡμεῖς ὠμόσαμεν εὖ ποιήσειν ἀλλήλους ἐκ τοῦ
33 ἐπιλοίπου χρόνου, κατὰ δύναμιν εἶναι, καὶ λόγῳ καὶ ἔργῳ.
καὶ ὡς ὅ τε ὅρκος ἐγένετο καὶ ἔχουσιν οὗτοι ἃ ἐγνώσθη αὐτοῖς ὑπὸ
τῶν οἰκείων τῶν τούτου, εἶτα νυνὶ ταυτὶ τὰ ἀγαθὰ ποιοῦσιν
ἡμᾶς, τὸν μὲν τεθνεῶτα ἄπαιδα βουλόμενοι καταστῆσαι, ἐμὲ δ'
ἐκβάλλειν ὑβρίσαντες ἐκ τοῦ οἴκου, τοὺς γνόντας αὐτοὺς ὑμῖν
παρέξομαι μάρτυρας, ἐὰν ἐθέλωσιν ἀναβαίνειν (εἰσὶ γὰρ τούτων
34 οἰκεῖοι) εἰ δὲ μή, τοὺς παραγενομένους. καί μοι τὰς μαρτυρίας
ἀνάγνωθι ταυτασί· σὺ δ' ἐπίλαβε τὸ ὕδωρ.

<μαρτυρίαι>

λαβὲ δή μοι τὰς μαρτυρίας ἐκείνας, ὡς τό τε χωρίον
ἑβδομήκοντα μνῶν ἐπράθη καὶ ὡς ἀπέλαβεν ὁ ὀρφανὸς ἑπτὰ καὶ
ἑξήκοντα μνᾶς πραθέντος τοῦ χωρίου.

<μαρτυρίαι>

35 ὁ θεῖος τοίνυν οὑτοσί, ὦ ἄνδρες, κεκληρονομηκὼς τῶν ἐκείνου
ἔργῳ καὶ οὐ λόγῳ ὥσπερ ἐγώ, καὶ ἔχων ἐμοῦ πολλῷ πλείονα·
ἐγὼ γὰρ τὰς τριακοσίας δραχμὰς ἔλαβον τὰς περιλειφθείσας ἀπὸ
τῆς τιμῆς τοῦ χωρίου, καὶ οἰκίδιον ὅ ἐστιν οὐκ ἄξιον τριῶν μνῶν·
οὗτος δὲ πλεῖον ἢ δέκα μνῶν χωρίον ἔχων, εἶτα προσέτι νῦν ἥκει
36 τὸν οἶκον αὐτοῦ ἐξερημώσων. καὶ ἐγὼ μὲν ὁ ποιητὸς ἐκεῖνόν τε
ζῶντα ἐθεράπευον καὶ αὐτὸς καὶ ἡ ἐμὴ γυνή, θυγάτηρ οὖσα
τουτουὶ Φιλωνίδου, καὶ τῷ ἐμῷ παιδίῳ ἐθέμην τὸ ὄνομα τὸ
ἐκείνου, ἵνα μὴ ἀνώνυμος ὁ οἶκος αὐτοῦ γένηται, καὶ
τελευτήσαντα ἔθαψα ἀξίως ἐκείνου τε καὶ ἐμαυτοῦ καὶ ἐπίθημα
καλὸν ἐπέθηκα, καὶ τὰ ἔνατα καὶ τἆλλα πάντα ἐποίησα τὰ
περὶ τὴν ταφὴν ὡς οἷόν τε κάλλιστα, ὥστε τοὺς δημότας ἐπαινεῖν
37 ἅπαντας. οὗτος δὲ ὁ συγγενής, ὁ ἐπιτιμῶν αὐτῷ ὅτι ὑὸν
ἐποιήσατο, ζῶντος μὲν τὸ χωρίον τὸ περιλειφθὲν αὐτῷ περιείλετο,
τελευτήσαντα δ' αὐτὸν ἄπαιδα καὶ ἀνώνυμον βούλεται
καταστῆσαι. τοιοῦτός ἐστιν οὗτος. καὶ ὡς ἔθαψά τε ἐγὼ αὐτὸν
καὶ τὰ τρίτα καὶ τὰ ἔνατα ἐποίησα καὶ τἆλλα τὰ περὶ τὴν
ταφήν, τὰς μαρτυρίας ὑμῖν τῶν εἰδότων ἀναγνώσεται.

<μαρτυρίαι>

38 ὅτι τοίνυν ὁ Μενεκλῆς, ὦ ἄνδρες, ἐποιήσατό με οὐ παρανοῶν
οὐδὲ γυναικὶ πειθόμενος, βούλομαι ὑμῖν καὶ αὐτοὺς τούτους
μάρτυρας παρασχέσθαι, [καὶ] ἐμοὶ μαρτυροῦντι ἔργῳ καὶ οὐ

Oration II

λόγῳ, ἐξ ὧν ἔπραξαν αὐτοί, ὅτι ἐγὼ τἀληθῆ λέγω. τὰς γὰρ διαλύσεις φαίνονται πρὸς ἐμὲ ποιησάμενοι ἀμφότεροι οὗτοι καὶ οὐ πρὸς τὸν Μενεκλέα, καὶ ὀμόσαντες ὅρκους <ἐμοὶ> καὶ ἐγὼ
39 τούτοις. καίτοι εἴ γε μὴ κατὰ τοὺς νόμους ἐγεγένητο ἡ ποίησις, μηδὲ κληρονόμος ἦν ἐγὼ τῶν Μενεκλέους ὑπ' αὐτῶν τούτων δεδοκιμασμένος, τί ἔδει αὐτοὺς ὀμνύναι ἐμοὶ ἢ παρ' ἐμοῦ λαμβάνειν ὅρκους; οὐδὲν δήπου. οὐκοῦν ὁπότε ἐποίησαν ταῦτα, φαίνονται αὐτοὶ οὗτοι ἐμοὶ μαρτυροῦντες ὅτι κατὰ τοὺς νόμους ἐποιήθην [ἡ ποίησις] καὶ δικαίως εἰμὶ κληρονόμος τῶν
40 Μενεκλέους. ἐγὼ δ' οἶμαι καταφανὲς ὑμῖν ἅπασι τοῦτ' εἶναι, ὡς καὶ παρὰ τούτων αὐτῶν ὁμολογούμενόν ἐστιν ὅτι Μενεκλῆς οὐ παρεφρόνει, ἀλλὰ πολὺ μᾶλλον οὗτος νυνί, ὅς γε ποιησάμενος τῆς ἔχθρας διάλυσιν πρὸς ἡμᾶς καὶ ὀμόσας ὅρκους πάλιν νῦν ἥκει τὰ ὁμολογηθέντα καὶ ὁμοθέντα παραβάς, καὶ ἀφελέσθαι με ἀξιοῖ
41 ταυτὶ τὰ λοιπά, οὕτως ὄντα μικρά. ἐγὼ δὲ εἰ μὴ πάνυ τὸ πρᾶγμα αἰσχρὸν εἶναι ἐνόμιζον καὶ ἐπονείδιστον, προδοῦναι τὸν πατέρα οὗ εἶναι ὠνομάσθην καὶ ὃς ἐποιήσατό με, ταχὺ ἂν ἀπέστην αὐτῷ τῶν ἐκείνου· ἔστι γὰρ ὑπόλοιπον οὐδὲ ἕν, ὡς καὶ ὑμᾶς οἴομαι
42 αἰσθάνεσθαι. νυνὶ δὲ δεινὸν τὸ πρᾶγμα καὶ αἰσχρὸν εἶναι τῇδε νομίζω, εἰ ἡνίκα μὲν ὁ Μενεκλῆς εἶχέ τι, τότε μὲν ἔδωκα ἐμαυτὸν ὑὸν αὐτῷ ποιήσασθαι καὶ ἀπὸ τῆς οὐσίας τῆς ἐκείνου, πρὶν πραθῆναι τὸ χωρίον, ἐγυμνασιάρχουν ἐν τῷ δήμῳ καὶ ἐφιλοτιμήθην ὡς ὑὸς ὢν ἐκείνου, καὶ τὰς στρατείας, ὅσαι ἐγένοντο ἐν τῷ χρόνῳ τούτῳ, ἐστράτευμαι ἐν τῇ φυλῇ τῇ ἐκείνου
43 καὶ ἐν τῷ δήμῳ· ἐπειδὴ δὲ ἐκεῖνος ἐτελεύτησεν, εἰ προδώσω καὶ ἐξερημώσας αὐτοῦ τὸν οἶκον ἀπιὼν οἰχήσομαι, πῶς οὐκ ἂν δεινὸν τὸ πρᾶγμα εἶναι καὶ καταγέλαστον δοκοίη, καὶ τοῖς βουλομένοις περὶ ἐμοῦ βλασφημεῖν πολλὴν ἐξουσίαν παράσχοι; καὶ οὐ μόνον ταῦτ' ἐστὶ τὰ ποιοῦντά με ἀγωνίζεσθαι τὸν ἀγῶνα τοῦτον, ἀλλ' εἰ οὕτω φαῦλος ἄνθρωπος δοκῶ εἶναι καὶ μηδενὸς ἄξιος, ὥστε ὑπὸ μὲν εὖ φρονοῦντος μηδ' ὑφ' ἑνὸς ἂν ποιηθῆναι τῶν φίλων, ὑπὸ δὲ παραφρονοῦντος, ταῦτ' ἐστὶ τὰ λυποῦντά με.
44 ἐγὼ οὖν δέομαι ὑμῶν πάντων, ὦ ἄνδρες, καὶ ἀντιβολῶ καὶ ἱκετεύω ἐλεῆσαί με καὶ ἀποψηφίσασθαι τοῦ μάρτυρος τουτουί. ἀπέφηνα δ' ὑμῖν πρῶτον μὲν ποιηθέντα ἐμαυτὸν ὑπὸ τοῦ Μενεκλέους ὡς ἄν τις δικαιότατα ποιηθείη, καὶ οὐ λόγῳ οὐδὲ
45 διαθήκῃ τὴν ποίησιν γεγενημένην, ἀλλ' ἔργῳ· καὶ τούτων ὑμῖν τούς τε φράτορας καὶ τοὺς δημότας καὶ τοὺς ὀργεῶνας παρεσχόμην μάρτυρας· καὶ ἐκεῖνον ἐπέδειξα τρία καὶ εἴκοσιν ἐπιβιόντα ἔτη. εἶτα τοὺς νόμους ἐπέδειξα ὑμῖν τοῖς ἄπαισι τῶν ἀνθρώπων ἐξουσίαν διδόντας ὑεῖς ποιεῖσθαι. καὶ ἔτι πρὸς τούτοις ζῶντά τε
46 φαίνομαι θεραπεύων αὐτὸν καὶ τελευτήσαντα θάψας. οὗτος δὲ

νυνὶ ἄκληρον μὲν ἐμὲ ποιεῖν τοῦ κλήρου τοῦ πατρῴου, εἴτε μείζων ἐστὶν οὗτος εἴτε ἐλάττων, ἄπαιδα δὲ τὸν τελευτήσαντα καὶ ἀνώνυμον βούλεται καταστῆσαι, ἵνα μήτε τὰ ἱερὰ τὰ πατρῷα ὑπὲρ ἐκείνου μηδεὶς τιμᾷ μήτ' ἐναγίζῃ αὐτῷ καθ' ἕκαστον ἐνιαυτόν, ἀλλὰ ἀφαιρῆται τὰς τιμὰς τὰς ἐκείνου· ἃ προνοηθεὶς ὁ Μενεκλῆς, κύριος ὢν τῶν ἑαυτοῦ, ἐποιήσατο ὑὸν ἑαυτῷ, ἵνα
47 τούτων ἁπάντων τυγχάνῃ. μὴ οὖν, ὦ ἄνδρες, πεισθέντες ὑπὸ τούτων ἀφέλησθέ μου τὸ ὄνομα, τῆς κληρονομίας ὃ ἔτι μόνον λοιπὸν ἐστιν, ἄκυρον δὲ τὴν ποίησιν αὐτοῦ καταστήσητε· ἀλλ' ἐπειδὴ τὸ πρᾶγμα εἰς ὑμᾶς ἀφῖκται καὶ ὑμεῖς κύριοι γεγόνατε, βοηθήσατε καὶ ἡμῖν καὶ ἐκείνῳ τῷ ἐν Ἅιδου ὄντι, καὶ μὴ περιίδητε, πρὸς θεῶν καὶ δαιμόνων δέομαι ὑμῶν, προπηλακισθέντα αὐτὸν ὑπὸ τούτων, ἀλλὰ μεμνημένοι τοῦ νόμου καὶ τοῦ ὅρκου ὃν ὀμωμόκατε καὶ τῶν εἰρημένων ὑπὲρ τοῦ πράγματος, τὰ δίκαια καὶ τὰ εὔορκα κατὰ τοὺς νόμους ψηφίσασθε.

VI. ΠΕΡΙ ΤΟΥ ΦΙΛΟΚΤΗΜΟΝΟΣ ΚΛΗΡΟΥ

ΥΠΟΘΕΣΙΣ

A   Εὐκτήμονος υἱὸς Φιλοκτήμων τὸν τῆς ἑτέρας τῶν ἀδελφῶν καὶ Φανοστράτου υἱὸν Χαιρέστρατον ποιησάμενος κατὰ διαθήκας τεθείσας παρὰ Χαιρέᾳ τῷ τῆς ἑτέρας ἀδελφῆς ἀνδρί, ἐτελεύτησε ζῶντος ἔτι τοῦ πατρός· ὕστερον δὲ κἀκείνου ἀποθανόντος ἔλαχεν ὁ Χαιρέστρατος τοῦ κλήρου κατὰ τὸν νόμον. διαμαρτυρήσαντος δὲ Ἀνδροκλέους μὴ εἶναι ἐπίδικον ὄντος Ἀντιδώρου γνησίου παιδὸς Εὐκτήμονι, οἱ περὶ Χαιρέστρατον ἐπεσκήψαντο τῇ διαμαρτυρίᾳ, καὶ τοῦτον καὶ τὴν ἀδελφὴν αὐτοῦ νόθους γεγονέναι φάσκοντες, τὸν δὲ νόμον διαγορεύειν νόθῳ καὶ νόθῃ μὴ εἶναι ἀγχιστείαν. ἡ στάσις στοχασμός· ἄδηλον γὰρ εἰ ἐποίησε Φιλοκτήμων Χαιρέστρατον υἱὸν ἑαυτῷ, καὶ πάλιν ἄδηλον εἰ γνήσιοί εἰσιν οἱ περὶ Ἀντίδωρον.

1   ὅτι μὲν, ὦ ἄνδρες, πάντων οἰκειότατα <τυγχάνω> χρώμενος Φανοστράτῳ τε καὶ Χαιρεστράτῳ τουτῳί, τοὺς πολλοὺς οἶμαι ὑμῶν εἰδέναι, τοῖς δὲ μὴ εἰδόσιν ἱκανὸν ἐρῶ τεκμήριον· ὅτε γὰρ εἰς Σικελίαν ἐξέπλει τριηράρχων Χαιρέστρατος, διὰ τὸ πρότερον αὐτὸς ἐκπεπλευκέναι προῄδειν πάντας τοὺς ἐσομένους κινδύνους, ὅμως δὲ δεομένων τούτων καὶ συνεξέπλευσα καὶ συνεδυστύχησα
2   καὶ ἑάλωμεν εἰς τοὺς πολεμίους. ἄτοπον δὴ εἰ ἐκεῖνα μὲν προδήλων ὄντων τῶν κινδύνων ὅμως διὰ τὸ χρῆσθαι τούτοις καὶ φίλους νομίζειν ὑπέμενον, νῦν δὲ οὐ πειρῴμην συνειπεῖν ἐξ ὧν ὑμεῖς τε τὰ εὔορκα ψηφιεῖσθε καὶ τούτοις τὰ δίκαια γενήσεται. δέομαι οὖν ὑμῶν συγγνώμην τε ἔχειν καὶ μετ' εὐνοίας ἀκροάσασθαι· ὁ γὰρ ἀγὼν οὐ μικρὸς αὐτοῖς, ἀλλὰ περὶ τῶν μεγίστων.
3   Φιλοκτήμων γὰρ ὁ Κηφισιεὺς φίλος ἦν Χαιρεστράτῳ τουτῳί· δοὺς δὲ τὰ ἑαυτοῦ καὶ υἱὸν αὐτὸν ποιησάμενος ἐτελεύτησεν. λαχόντος δὲ τοῦ Χαιρεστράτου κατὰ τὸν νόμον τοῦ κλήρου, ἐξὸν ἀμφισβητῆσαι Ἀθηναίων τῷ βουλομένῳ καὶ εὐθυδικίᾳ εἰσελθόντι εἰς ὑμᾶς, εἰ φαίνοιτο δικαιότερα λέγων, ἔχειν τὸν κλῆρον,
4   διεμαρτύρησεν Ἀνδροκλῆς οὑτοσὶ μὴ ἐπίδικον εἶναι τὸν κλῆρον, ἀποστερῶν τοῦτον τῆς ἀμφισβητήσεως καὶ ὑμᾶς τοῦ κυρίους γενέσθαι ὅντινα δεῖ κληρονόμον καταστήσασθαι τῶν Φιλοκτήμονος· καὶ ἐν μιᾷ ψήφῳ καὶ ἑνὶ ἀγῶνι οἴεται ἀδελφοὺς καταστήσειν ἐκείνῳ τοὺς οὐδὲν προσήκοντας, καὶ τὸν κλῆρον ἀνεπίδικον ἕξειν αὐτός, καὶ τῆς ἀδελφῆς τῆς ἐκείνου κύριος
5   γενήσεσθαι, καὶ τὴν διαθήκην ἄκυρον ποιήσειν. πολλῶν δὲ καὶ

δεινῶν ὄντων ἃ διαμεμαρτύρηκεν Ἀνδροκλῆς, τοῦτ' αὐτὸ πρῶτον ἐπιδείξω ὑμῖν, ὡς διέθετο καὶ ἐποιήσατο ὑὸν τουτονὶ Χαιρέστρατον. ἐπειδὴ γὰρ τῷ Φιλοκτήμονι ἐκ μὲν τῆς γυναικὸς ᾗ συνῴκει οὐκ ἦν παιδίον οὐδέν, πολέμου δ' ὄντος ἐκινδύνευε καὶ ἱππεὺς στρατευόμενος καὶ τριήραρχος πολλάκις ἐκπλέων, ἔδοξεν αὐτῷ διαθέσθαι τὰ αὑτοῦ, μὴ ἔρημον καταλίπῃ τὸν οἶκον, εἴ τι
6 πάθοι. τὼ μὲν οὖν ἀδελφὼ αὐτῷ ὥπερ ἐγενέσθην ἄμφω ἄπαιδε ἐτελευτησάτην· τοῖν δὲ ἀδελφαῖν τῇ μὲν ἑτέρᾳ, ᾗ ὁ Χαιρέας συνῴκει, οὐκ ἦν ἄρρεν παιδίον οὐδὲ ἐγένετο πολλὰ ἔτη συνοικούσῃ, ἐκ δὲ τῆς ἑτέρας, ᾗ συνῴκει Φανόστρατος οὑτοσί, ᾔστην ὑὼ δύο. τούτων τὸν πρεσβύτερον τουτονὶ Χαιρέστρατον
7 ἐποιήσατο ὑόν. καὶ ἔγραψεν οὕτως ἐν διαθήκῃ, εἰ μὴ γένοιτο αὐτῷ παιδίον ἐκ τῆς γυναικός, τοῦτον κληρονομεῖν τῶν ἑαυτοῦ. καὶ τὴν διαθήκην κατέθετο παρὰ τῷ κηδεστῇ Χαιρέᾳ, τῷ τὴν ἑτέραν αὐτοῦ ἀδελφὴν ἔχοντι. καὶ ὑμῖν ἥ τε διαθήκη αὕτη ἀναγνωσθήσεται καὶ οἱ παραγενόμενοι μαρτυρήσουσι. καί μοι ἀνάγνωθι.

<διαθήκη. μάρτυρες>

8 ὡς μὲν διέθετο καὶ ἐφ' οἷς ἐποιήσατο ὑὸν τοῦτον, ἀκηκόατε· ὡς δ' ἐξὸν αὐτῷ ταῦτ' ἔπραξεν, ὅθεν δικαιότατα ἡγοῦμαι τὰ τοιαῦτ' εἶναι μανθάνειν, τοῦτον ὑμῖν αὐτὸν παρέξομαι τὸν νόμον. καί μοι ἀνάγνωθι.

<νόμος>

9 οὑτοσὶ ὁ νόμος, ὦ ἄνδρες, κοινὸς ἅπασι κεῖται, ἐξεῖναι τὰ ἑαυτοῦ διαθέσθαι, ἐὰν μὴ παῖδες ὦσι γνήσιοι ἄρρενες, ἐὰν μὴ ἄρα μανεὶς ἢ ὑπὸ γήρως ἢ δι' ἄλλο τι τῶν ἐν τῷ νόμῳ παρανοῶν διαθῆται. ὅτι δ' οὐδενὶ τούτων ἔνοχος ἦν Φιλοκτήμων, βραχέα εἰπὼν δηλώσω ὑμῖν· ὅστις γὰρ καὶ ἕως ἔζη τοιοῦτον πολίτην ἑαυτὸν παρεῖχεν ὥστε διὰ τὸ ὑφ' ὑμῶν τιμᾶσθαι ἄρχειν ἀξιοῦσθαι, καὶ ἐτελεύτησε μαχόμενος τοῖς πολεμίοις, πῶς ἄν τις τοῦτον τολμήσειεν εἰπεῖν ὡς οὐκ εὖ ἐφρόνει;

10 ὅτι μὲν οὖν διέθετο καὶ ἐποιήσατο εὖ φρονῶν, ἐξὸν αὐτῷ, ἀποδέδεικται ὑμῖν, ὥστε κατὰ μὲν τοῦτο ψευδῆ μεμαρτυρηκὼς Ἀνδροκλῆς ἀποδέδεικται· ἐπειδὴ δὲ προσδιαμεμαρτύρηκεν [ὡς] ὑὸν εἶναι γνήσιον Εὐκτήμονος τοῦτον, καὶ ταῦτ' ἀποδείξω ψευδῆ ὄντα. Εὐκτήμονι γάρ, ὦ ἄνδρες, τῷ Φιλοκτήμονος πατρί, τοὺς μὲν ὄντως γενομένους παῖδας, Φιλοκτήμονα καὶ Ἐργαμένην καὶ

Oration VI

Ἡγήμονα καὶ δύο θυγατέρας, καὶ τὴν μητέρα αὐτῶν, ἣν ἔγημεν ὁ
Εὐκτήμων, Μειξιάδου Κηφισιῶς θυγατέρα, πάντες οἱ προσήκοντες
ἴσασι καὶ οἱ φράτορες καὶ τῶν δημοτῶν οἱ πολλοί, καὶ
11   μαρτυρήσουσιν ὑμῖν· ὅτι δ' [οὐδ'] ἄλλην τινὰ ἔγημε γυναῖκα, ἐξ
ἧς τινος οἴδε αὐτῷ ἐγένοντο, οὐδεὶς τὸ παράπαν οἶδεν οὐδ' ἤκουσε
πώποτε ζῶντος Εὐκτήμονος. καίτοι τούτους εἰκὸς πιστοτάτους
εἶναι νομίζειν μάρτυρας· τοὺς γὰρ οἰκείους εἰδέναι προσήκει τὰ
τοιαῦτα. καί μοι τούτους κάλει πρῶτον καὶ τὰς μαρτυρίας
ἀνάγνωθι.

<μαρτυρίαι>

12   ἔτι τοίνυν καὶ τοὺς ἀντιδίκους ἐπιδείξω ἔργῳ ὑμῖν ταῦτα
μεμαρτυρηκότας. ὅτε γὰρ αἱ ἀνακρίσεις ἦσαν πρὸς τῷ ἄρχοντι καὶ
οὗτοι παρακατέβαλον ὡς ὑπὲρ γνησίων τῶνδ' Εὐκτήμονος ὄντων,
ἐρωτώμενοι ὑφ' ἡμῶν τίς εἴη αὐτῶν μήτηρ καὶ ὅτου θυγάτηρ οὐκ
εἶχον ἀποδεῖξαι, διαμαρτυρομένων ἡμῶν καὶ τοῦ ἄρχοντος
κελεύοντος ἀποκρίνασθαι κατὰ τὸν νόμον. <καίτοι ἄτοπον>, ὦ
ἄνδρες, ἀμφισβητεῖν μὲν ὡς ὑπὲρ γνησίων καὶ διαμαρτυρεῖν,
μητέρα δὲ ἥτις ἦν μὴ ἔχειν ἀποδεῖξαι μηδὲ προσήκοντα αὐτοῖς
13   μηδένα. ἀλλὰ τότε μὲν Λημνίαν σκηψάμενοι ταύτην ἀναβολὴν
ἐποιήσαντο. τὸ δ' ὕστερον ἥκοντες εἰς τὴν ἀνάκρισιν, πρὶν καί
τινα ἐρέσθαι, εὐθὺς ἔλεγον ὅτι Καλλίππη μήτηρ, αὕτη δ' εἴη
Πιστοξένου θυγάτηρ, ὡς ἐξαρκέσον εἰ ὄνομα μόνον πορίσαιντο τὸν
Πιστόξενον. ἐρομένων δ' ἡμῶν ὅστις εἴη καὶ εἰ ζῇ ἢ μή, ἐν Σικελίᾳ
ἔφασαν ἀποθανεῖν στρατευόμενον, καταλιπόντα ταύτην
θυγατέρα παρὰ τῷ Εὐκτήμονι, ἐξ ἐπιτροπευομένης δὲ τούτῳ
γενέσθαι, πρᾶγμα πλάττοντες ἀναιδείᾳ ὑπερβάλλον καὶ οὐδὲ
γενόμενον, ὡς ἐγὼ ὑμῖν ἀποφανῶ ἐκ τούτων πρῶτον ὧν αὐτοὶ
14   ἀπεκρίναντο. τῇ μὲν γὰρ στρατιᾷ, ἀφ' οὗ ἐξέπλευσεν εἰς
Σικελίαν, ἤδη ἐστὶ δύο καὶ πεντήκοντα ἔτη, ἀπὸ Ἀριμνήστου
ἄρχοντος, τῷ δὲ πρεσβυτέρῳ τούτων, ὧν φασιν ἐκ τῆς Καλλίππης
καὶ τοῦ Εὐκτήμονος εἶναι, οὔπω ὑπὲρ εἴκοσιν ἔτη. ἀφελόντι οὖν
ταῦτα ἀπὸ τῶν ἐν Σικελίᾳ ὑπολείπεται πλείω ἢ τριάκοντα ἔτη·
ὥστ' οὔτ' ἐπιτροπεύεσθαι προσῆκε τὴν Καλλίππην ἔτι,
τριακοντοῦτίν γε οὖσαν, οὔτε ἀνέκδοτον καὶ ἄπαιδα εἶναι, ἀλλὰ
πάνυ πάλαι συνοικεῖν, ἢ ἐγγυηθεῖσαν κατὰ νόμον ἢ
15   ἐπιδικασθεῖσαν. ἔτι δὲ καὶ γιγνώσκεσθαι αὐτὴν ὑπὸ τῶν
Εὐκτήμονος οἰκείων ἀναγκαῖον ἦν καὶ ὑπὸ τῶν οἰκετῶν, εἴ πέρ
γε συνῴκησεν ἐκείνῳ ἢ διῃτήθη τοσοῦτον χρόνον ἐν τῇ οἰκίᾳ. τὰ
γὰρ τοιαῦτα οὐκ εἰς τὴν ἀνάκρισιν μόνον δεῖ πορίζεσθαι [ὀνόματα]
ἀλλὰ τῇ ἀληθείᾳ γεγονότα φαίνεσθαι καὶ ὑπὸ τῶν προσηκόντων

16 καταμαρτυρεῖσθαι. ἀποδεῖξαι τοίνυν ἡμῶν κελευόντων ὅστις οἶδε τῶν Εὐκτήμονος οἰκείων ἢ συνοικήσασαν ἐκείνῳ τινὰ [ἢ τὴν] Καλλίππην <ἢ> ἐπιτροπευομένην, καὶ παρὰ τῶν ὄντων <ἡμῖν> θεραπόντων τὸν ἔλεγχον ποιεῖσθαι, ἢ εἴ τις τῶν παρ' αὐτοῖς οἰκετῶν φάσκει ταῦτα εἰδέναι, ἡμῖν παραδοῦναι, οὔτε λαβεῖν ἠθέλησαν οὔθ' ἡμῖν παραδοῦναι. καί μοι λαβὲ τήν τ' ἀπόκρισιν αὐτῶν καὶ τὰς ἡμετέρας μαρτυρίας καὶ προκλήσεις.

<ἀπόκρισις. μαρτυρίαι. προκλήσεις.>

17 οὗτοι μὲν τοίνυν τοιοῦτο πρᾶγμα ἔφυγον· ἐγὼ δ' ὑμῖν ἐπιδείξω καὶ ὅθεν εἰσὶ καὶ οἵτινες οὓς γνησίους διεμαρτύρησαν εἶναι καὶ κληρονόμους ζητοῦσι καταστῆσαι τῶν Εὐκτήμονος. ἴσως μέν ἐστιν ἀηδὲς Φανοστράτῳ, ὦ ἄνδρες, τὰς Εὐκτήμονος συμφορὰς φανερὰς καθεστάναι· ὀλίγα δ' ἀναγκαῖον ῥηθῆναι, ἵν' ὑμεῖς τὴν
18 ἀλήθειαν εἰδότες ῥᾷον τὰ δίκαια ψηφίσησθε. Εὐκτήμων μὲν γὰρ ἐβίω ἔτη ἓξ καὶ ἐνενήκοντα, τούτου δὲ τοῦ χρόνου τὸν μὲν πλεῖστον ἐδόκει εὐδαίμων εἶναι (καὶ γὰρ οὐσία ἦν οὐκ ὀλίγη αὐτῷ καὶ παῖδες καὶ γυνή, καὶ τἆλλ' ἐπιεικῶς ηὐτύχει), ἐπὶ γήρως δὲ αὐτῷ συμφορὰ ἐγένετο οὐ μικρά, ἣ ἐκείνου πᾶσαν τὴν οἰκίαν ἐλυμήνατο καὶ χρήματα πολλὰ διώλεσε καὶ αὐτὸν τοῖς
19 οἰκειοτάτοις εἰς διαφορὰν κατέστησεν. ὅθεν δὲ καὶ ὅπως ταῦτ' ἐγένετο, ὡς ἂν δύνωμαι διὰ βραχυτάτων δηλώσω. ἀπελευθέρα ἦν αὐτοῦ, ὦ ἄνδρες, ἣ ἐναυκλήρει συνοικίαν ἐν Πειραιεῖ αὐτοῦ καὶ παιδίσκας ἔτρεφε. τούτων μίαν ἐκτήσατο ᾗ ὄνομα ἦν Ἀλκή, ἣν καὶ ὑμῶν οἶμαι πολλοὺς εἰδέναι. αὕτη δὲ ἡ Ἀλκὴ ὠνηθεῖσα πολλὰ μὲν ἔτη καθῆστο ἐν οἰκήματι, ἤδη δὲ πρεσβυτέρα οὖσα ἀπὸ
20 μὲν τοῦ οἰκήματος ἀνίσταται. διαιτωμένη δὲ αὐτῇ ἐν τῇ συνοικίᾳ συνῆν ἄνθρωπος ἀπελεύθερος, Δίων ὄνομα αὐτῷ, ἐξ οὗ ἔφη ἐκείνη τούτους γεγονέναι· καὶ ἔθρεψεν αὐτοὺς ὁ Δίων ὡς ὄντας ἑαυτοῦ. χρόνῳ δὲ ὕστερον ὁ μὲν Δίων ζημίαν εἰργασμένος καὶ δείσας ὑπὲρ αὑτοῦ ὑπεχώρησεν εἰς Σικυῶνα· τὴν δ' ἄνθρωπον ταύτην, τὴν Ἀλκήν, καθίστησιν Εὐκτήμων ἐπιμελεῖσθαι τῆς ἐν Κεραμεικῷ
21 συνοικίας, τῆς παρὰ τὴν πυλίδα, οὗ ὁ οἶνος ὤνιος. κατοικισθεῖσα δ' ἐνταυθοῖ πολλῶν καὶ κακῶν ἦρξεν, ὦ ἄνδρες. φοιτῶν γὰρ ὁ Εὐκτήμων ἐπὶ τὸ ἐνοίκιον ἑκάστοτε τὰ πολλὰ διέτριβεν ἐν τῇ συνοικίᾳ, ἐνίοτε δὲ καὶ ἐσιτεῖτο μετὰ τῆς ἀνθρώπου, καταλιπὼν καὶ τὴν γυναῖκα καὶ τοὺς παῖδας καὶ τὴν οἰκίαν ᾗ ᾤκει. χαλεπῶς δὲ φερούσης τῆς γυναικὸς καὶ τῶν υἱέων οὐχ ὅπως ἐπαύσατο, ἀλλὰ τελευτῶν παντελῶς διῃτᾶτο ἐκεῖ καὶ οὕτω διετέθη εἴθ' ὑπὸ φαρμάκων εἴθ' ὑπὸ νόσου εἴθ' ὑπ' ἄλλου τινός, ὥστε ἐπείσθη ὑπ' αὐτῆς τὸν πρεσβύτερον τοῖν παίδοιν εἰσαγαγεῖν

Oration VI

22 εἰς τοὺς φράτορας ἐπὶ τῷ αὐτοῦ ὀνόματι. ἐπειδὴ δὲ οὔθ' ὁ ὑὸς αὐτῷ Φιλοκτήμων συνεχώρει οὔθ' οἱ φράτορες εἰσεδέξαντο, ἀλλ' ἀπηνέχθη τὸ κούρειον, ὀργιζόμενος ὁ Εὐκτήμων τῷ ὑεῖ καὶ ἐπηρεάζειν βουλόμενος ἐγγυᾶται γυναῖκα Δημοκράτους τοῦ Ἀφιδναίου ἀδελφήν, ὡς ἐκ ταύτης παῖδας ἀποφανῶν καὶ εἰσποιήσων εἰς τὸν οἶκον, εἰ μὴ συγχωροίη τοῦτον ἐᾶν εἰσαχθῆναι.

23 εἰδότες δ' οἱ ἀναγκαῖοι ὅτι ἐξ ἐκείνου μὲν οὐκ ἂν ἔτι γένοιντο παῖδες ταύτην τὴν ἡλικίαν ἔχοντος, φανήσοιντο δ' ἄλλῳ τινὶ τρόπῳ, καὶ ἐκ τούτων ἔσοιντο ἔτι μείζους διαφοραί, ἔπειθον, ὦ ἄνδρες, τὸν Φιλοκτήμονα ἐᾶσαι εἰσαγαγεῖν τοῦτον τὸν παῖδα ἐφ'

24 οἷς ἐζήτει ὁ Εὐκτήμων, χωρίον ἓν δόντα. καὶ ὁ Φιλοκτήμων αἰσχυνόμενος μὲν ἐπὶ τῇ τοῦ πατρὸς ἀνοίᾳ, ἀπορῶν δ' ὅ τι χρήσαιτο τῷ παρόντι κακῷ, οὐκ ἀντέλεγεν οὐδέν. ὁμολογηθέντων δὲ τούτων καὶ εἰσαχθέντος τοῦ παιδὸς ἐπὶ τούτοις, ἀπηλλάγη τῆς γυναικὸς ὁ Εὐκτήμων, καὶ ἐπεδείξατο ὅτι οὐ παίδων ἕνεκα

25 ἐγάμει, ἀλλ' ἵνα τοῦτον εἰσαγάγοι. τί γὰρ ἔδει αὐτὸν γαμεῖν, ὦ Ἀνδρόκλεις, εἴ περ οἵδε ἦσαν ἐξ αὐτοῦ καὶ γυναικὸς ἀστῆς, ὡς σὺ μεμαρτύρηκας; τίς γὰρ ἂν γνησίους ὄντας οἷός τε ἦν κωλῦσαι εἰσαγαγεῖν; ἢ διὰ τί ἐπὶ ῥητοῖς αὐτὸν εἰσήγαγε, τοῦ νόμου κελεύοντος ἅπαντας τοὺς γνησίους ἰσομοίρους εἶναι τῶν

26 πατρῴων; ἢ διὰ τί τὸν μὲν πρεσβύτερον τοῖν παίδοιν ἐπὶ ῥητοῖς εἰσήγαγε, τοῦ δὲ νεωτέρου ἤδη γεγονότος οὐδὲ λόγον ἐποιεῖτο ζῶντος Φιλοκτήμονος οὔτε πρὸς αὐτὸν ἐκεῖνον οὔτε πρὸς τοὺς οἰκείους; οὓς σὺ νῦν διαρρήδην μεμαρτύρηκας γνησίους εἶναι καὶ κληρονόμους τῶν Εὐκτήμονος. ταῦτα τοίνυν ὡς ἀληθῆ λέγω, ἀναγίγνωσκε τὰς μαρτυρίας.

<μαρτυρίαι>

27 μετὰ ταῦτα τοίνυν ὁ Φιλοκτήμων τριηραρχῶν περὶ Χίον ἀποθνῄσκει ὑπὸ τῶν πολεμίων· ὁ δ' Εὐκτήμων ὕστερον χρόνῳ πρὸς τοὺς κηδεστὰς εἶπεν ὅτι βούλοιτο τὰ πρὸς τὸν ὑὸν οἱ πεπραγμένα γράψας καταθέσθαι. καὶ ὁ μὲν Φανόστρατος ἐκπλεῖν ἔμελλε τριηραρχῶν μετὰ Τιμοθέου καὶ ἡ ναῦς αὐτῷ ἐξώρμει Μουνιχίασι καὶ ὁ κηδεστὴς Χαιρέας παρὼν συναπέστελλεν αὐτόν· ὁ δ' Εὐκτήμων παραλαβών τινας ἧκεν οὗ ἐξώρμει ἡ ναῦς, καὶ γράψας διαθήκην, ἐφ' οἷς εἰσήγαγε τὸν παῖδα, κατατίθεται μετὰ

28 τούτων παρὰ Πυθοδώρῳ Κηφισιεῖ, προσήκοντι αὐτῷ. καὶ ὅτι μέν, ὦ ἄνδρες, οὐχ ὡς περὶ γνησίων ἔπραττεν Εὐκτήμων, ὃ Ἀνδροκλῆς μεμαρτύρηκε, καὶ αὐτὸ τοῦτο ἱκανὸν τεκμήριον· τοῖς γὰρ φύσει ὑέσιν αὐτοῦ οὐδεὶς οὐδενὸς ἐν διαθήκῃ γράφει δόσιν οὐδεμίαν, διότι ὁ νόμος αὐτὸς ἀποδίδωσι τῷ ὑεῖ τὰ τοῦ πατρὸς καὶ οὐδὲ

διαθέσθαι ἐᾷ ὅτῳ ἂν ὦσι παῖδες γνήσιοι.

29 κειμένου δὲ τοῦ γραμματείου σχεδὸν δύ' ἔτη καὶ τοῦ Χαιρέου τετελευτηκότος, ὑποπεπτωκότες οἵδε τῇ ἀνθρώπῳ καὶ ὁρῶντες ἀπολλύμενον τὸν οἶκον καὶ τὸ γῆρας καὶ τὴν ἄνοιαν τοῦ
30 Εὐκτήμονος, ὅτι εἴη αὐτοῖς ἱκανὴ ἀφορμή, συνεπιτίθενται. καὶ πρῶτον μὲν πείθουσι τὸν Εὐκτήμονα τὴν μὲν διαθήκην ἀνελεῖν ὡς οὐ χρησίμην οὖσαν τοῖς παισί· τῆς γὰρ φανερᾶς οὐσίας οὐδένα κύριον ἔσεσθαι τελευτήσαντος Εὐκτήμονος ἄλλον ἢ τὰς θυγατέρας καὶ τοὺς ἐκ τούτων γεγονότας· εἰ δὲ ἀποδόμενός τι τῶν ὄντων ἀργύριον καταλίποι, τοῦτο βεβαίως ἕξειν αὐτούς.
31 ἀκούσας δ' ὁ Εὐκτήμων εὐθὺς ἀπῄτει τὸν Πυθόδωρον τὸ γραμματεῖον καὶ προσεκαλέσατο εἰς ἐμφανῶν κατάστασιν. καταστάντος δὲ ἐκείνου πρὸς τὸν ἄρχοντα, ἔλεγεν ὅτι βούλοιτ'
32 ἀνελέσθαι τὴν διαθήκην. ἐπειδὴ δ' ὁ Πυθόδωρος ἐκείνῳ μὲν καὶ τῷ Φανοστράτῳ παρόντι ὡμολόγει ἀναιρεῖν, τοῦ δὲ Χαιρέου τοῦ συγκαταθεμένου θυγάτηρ ἦν μία, ἧς ἐπειδὴ κύριος κατασταίη, τότε ἠξίου ἀνελεῖν, καὶ ὁ ἄρχων οὕτως ἐγίγνωσκε, διομολογησάμενος ὁ Εὐκτήμων ἐναντίον τοῦ ἄρχοντος καὶ τῶν παρέδρων καὶ ποιησάμενος πολλοὺς μάρτυρας ὡς οὐκέτ' αὐτῷ κέοιτο ἡ
33 διαθήκη, ᾤχετο ἀπιών. καὶ ἐν πάνυ ὀλίγῳ χρόνῳ, οὗπερ ἕνεκα οὗτοι λῦσαι αὐτὸν ἔπεισαν, ἀποδίδοται ἀγρὸν μὲν Ἀθμονοῖ πέντε καὶ ἑβδομήκοντα μνῶν Ἀντιφάνει, τὸ δ' ἐν Σηραγγίῳ βαλανεῖον τρισχιλίων Ἀριστολόχῳ· οἰκίαν δὲ ἐν ἄστει τεττάρων καὶ τετταράκοντα μνῶν ὑποκειμένην ἀπέλυσε τῷ ἱεροφάντῃ. ἔτι δὲ αἶγας ἀπέδοτο σὺν τῷ αἰπόλῳ τριῶν καὶ δέκα μνῶν, καὶ ζεύγη δύο ὀρικά, τὸ μὲν ὀκτὼ μνῶν, τὸ δὲ πεντήκοντα καὶ πεντακοσίων
34 δραχμῶν, καὶ δημιουργοὺς ὅσοι ἦσαν αὐτῷ. σύμπαντα δὲ πλείονος ἢ τριῶν ταλάντων, ἃ ἐπράθη διὰ ταχέων πάνυ τελευτήσαντος Φιλοκτήμονος. καὶ ταῦθ' ὅτι ἀληθῆ λέγω, καθ' ἕκαστον ὑμῖν τῶν εἰρημένων πρῶτον καλῶ τοὺς μάρτυρας.

<μάρτυρες>

35 ταῦτα μὲν δὴ τοῦτον τὸν τρόπον εἶχε· περὶ δὲ τῶν ὑπολοίπων εὐθὺς ἐπεβούλευον καὶ πάντων δεινότατον πρᾶγμα κατεσκεύασαν, ᾧ ἄξιόν ἐστι προσέχειν τὸν νοῦν. ὁρῶντες γὰρ τὸν Εὐκτήμονα κομιδῇ ἀπειρηκότα ὑπὸ γήρως καὶ οὐδ' <ἐκ> τῆς κλίνης ἀνίστασθαι δυνάμενον, ἐσκόπουν ὅπως καὶ τελευτήσαντος
36 ἐκείνου δι' αὐτῶν ἔσοιτο ἡ οὐσία. καὶ τί ποιοῦσιν; ἀπογράφουσι τὼ παῖδε τούτω πρὸς τὸν ἄρχοντα ὡς εἰσποιήτω τοῖς τοῦ Εὐκτήμονος ὑέσι τοῖς τετελευτηκόσιν, ἐπιγράψαντες σφᾶς αὐτοὺς ἐπιτρόπους, καὶ μισθοῦν ἐκέλευον τὸν ἄρχοντα τοὺς οἴκους ὡς ὀρφανῶν ὄντων,

Oration VI

15

ὅπως ἐπὶ τοῖς τούτων ὀνόμασι τὰ μὲν μισθωθείη τῆς οὐσίας, τὰ δὲ ἀποτιμήματα κατασταθείη καὶ ὅροι τεθεῖεν ζῶντος ἔτι τοῦ Εὐκτήμονος, μισθωταὶ δὲ αὐτοὶ γενόμενοι τὰς προσόδους
37 λαμβάνοιεν. καὶ ἐπειδὴ πρῶτον τὰ δικαστήρια ἐπληρώθη, ὁ μὲν ἄρχων προεκήρυττεν, οἱ δ' ἐμισθοῦντο. παραγενόμενοι δέ τινες ἐξαγγέλλουσι τοῖς οἰκείοις τὴν ἐπιβουλὴν καὶ ἐλθόντες ἐδήλωσαν τὸ πρᾶγμα τοῖς δικασταῖς καὶ οὕτως ἀπεχειροτόνησαν οἱ δικασταὶ μὴ μισθοῦν τοὺς οἴκους· εἰ δ' ἔλαθεν, ἀπωλώλει ἂν ἅπασα ἡ οὐσία. καί μοι κάλει τοὺς παραγενομένους μάρτυρας.

<μάρτυρες>

38 πρὶν μὲν τοίνυν τούτους γνωρίσαι τὴν ἄνθρωπον καὶ μετ' ἐκείνης ἐπιβουλεῦσαι Εὐκτήμονι, οὕτω πολλὴν οὐσίαν ἐκέκτητο Εὐκτήμων μετὰ τοῦ ὑέος Φιλοκτήμονος ὥστε ἅμα τά τε μέγιστα ὑμῖν λῃτουργεῖν ἀμφοτέρους τῶν τε ἀρχαίων μηδὲν πραθῆναι τῶν τε προσόδων περιποιεῖν ὥστε ἀεί τι προσκτᾶσθαι· ἐπειδὴ δ' ἐτελεύτησε Φιλοκτήμων, οὕτω διετέθη ἡ οὐσία ὥστε τῶν ἀρχαίων μηδὲ τὰ ἡμίσεα εἶναι λοιπὰ καὶ τὰς προσόδους ἀπάσας
39 ἠφανίσθαι. καὶ οὐδὲ ταῦτα ἐξήρκεσεν αὐτοῖς διαφορῆσαι, ὦ ἄνδρες, ἀλλ' ἐπειδὴ καὶ ἐτελεύτησεν ὁ Εὐκτήμων, εἰς τοῦτο ἦλθον τόλμης ὥστ' ἐκείνου κειμένου ἔνδον τοὺς μὲν οἰκέτας ἐφύλαττον, ὅπως μηδεὶς ἐξαγγείλειε μήτε τοῖν θυγατέροιν μήτε τῇ γυναικὶ αὐτοῦ μήτε τῶν οἰκείων μηδενί, τὰ δὲ χρήματα ἔνδοθεν ἐξεφορήσαντο μετὰ τῆς ἀνθρώπου εἰς τὴν ὁμότοιχον οἰκίαν,
40 ἣν ᾤκει μεμισθωμένος εἷς τούτων, Ἀντίδωρος ἐκεῖνος. καὶ οὐδ' ἐπειδὴ ἑτέρων πυθόμεναι ἦλθον αἱ θυγατέρες αὐτοῦ καὶ ἡ γυνή, οὐδὲ τότε εἴων εἰσιέναι, ἀλλ' ἀπέκλεισαν τῇ θύρᾳ, φάσκοντες οὐ προσήκειν αὐταῖς θάπτειν Εὐκτήμονα· καὶ οὐδ' εἰσελθεῖν
41 ἐδύναντο, εἰ μὴ μόλις καὶ περὶ ἡλίου δυσμάς. εἰσελθοῦσαι δὲ κατέλαβον ἐκεῖνον μὲν ἔνδον κείμενον δευτεραῖον, ὡς ἔφασαν οἱ οἰκέται, τὰ δ' ἐκ τῆς οἰκίας ἅπαντα ἐκπεφορημένα ὑπὸ τούτων. αἱ μὲν οὖν γυναῖκες, οἷον εἰκός, περὶ τὸν τετελευτηκότα ἦσαν· οὗτοι δὲ τοῖς ἀκολουθήσασι παραχρῆμα ἐπεδείκνυσαν τὰ ἔνδον ὡς εἶχε, καὶ τοὺς οἰκέτας πρῶτον ἠρώτων ἐναντίον τούτων ὅποι
42 τετραμμένα εἴη τὰ χρήματα. λεγόντων δ' ἐκείνων ὅτι οὗτοι ἐξενηνοχότες εἶεν εἰς τὴν πλησίον οἰκίαν, καὶ ἀξιούντων παραχρῆμα τῶνδε φωρᾶν κατὰ τὸν νόμον καὶ τοὺς οἰκέτας ἐξαιτούντων τοὺς ἐκφορήσαντας, οὐκ ἠθέλησαν τῶν δικαίων οὐδὲν ποιῆσαι. καὶ ὅτι ἀληθῆ λέγω, λαβὲ ταυτὶ καὶ ἀνάγνωθι.

<μαρτυρίαι>

16 Isaeus

43 τοσαῦτα μὲν τοίνυν χρήματα ἐκ τῆς οἰκίας ἐκφορήσαντες, τοσαύτης δ' οὐσίας πεπραμένης τὴν τιμὴν ἔχοντες, ἔτι δὲ τὰς προσόδους τὰς ἐν ἐκείνῳ τῷ χρόνῳ γενομένας διαφορήσαντες, οἴονται καὶ τῶν λοιπῶν κύριοι γενήσεσθαι· καὶ εἰς τοῦτο ἀναιδείας ἥκουσιν ὥστ' εὐθυδικίᾳ μὲν οὐκ ἐτόλμησαν εἰσελθεῖν, ἀλλὰ διεμαρτύρουν ὡς ὑπὲρ γνησίων ἅμα μὲν τὰ ψευδῆ, ἅμα δὲ
44 τἀναντία οἷς αὐτοὶ ἔπραξαν· οἵτινες πρὸς μὲν τὸν ἄρχοντα ἀπέγραψαν αὐτοὺς ὡς ὄντας τὸν μὲν Φιλοκτήμονος τὸν δ' Ἐργαμένους, νῦν δὲ διαμεμαρτυρήκασιν Εὐκτήμονος εἶναι. καίτοι οὐδ' εἰ γνήσιοι ἦσαν, εἰσποίητοι δέ, ὡς οὗτοι ἔφασαν, οὐδ' οὕτω προσήκει αὐτοὺς Εὐκτήμονος εἶναι· ὁ γὰρ νόμος οὐκ ἐᾷ ἐπανιέναι, ἐὰν μὴ ὑὸν καταλίπῃ γνήσιον. ὥστε καὶ ἐξ ὧν αὐτοὶ
45 ἔπραξαν ἀνάγκη τὴν μαρτυρίαν ψευδῆ εἶναι. καὶ εἰ μὲν τότε διεπράξαντο μισθωθῆναι τοὺς οἴκους, οὐκ ἂν ἔτι ἦν τοῖσδε ἀμφισβητῆσαι· νῦν δὲ ἀποχειροτονησάντων τῶν δικαστῶν ὡς οὐδὲν αὐτοῖς προσῆκον, οὐδὲ ἀμφισβητῆσαι τετολμήκασιν· ἀλλὰ πρὸς ὑπερβολὴν ἀναισχυντίας προσμεμαρτυρήκασι τούτους εἶναι κληρονόμους, οὓς ὑμεῖς ἀπεχειροτονήσατε.
46 ἔτι δὲ καὶ τοῦ μάρτυρος αὐτοῦ σκέψασθε τὴν τόλμαν καὶ ἀναίδειαν, ὅστις εἴληχε μὲν αὑτῷ τῆς θυγατρὸς τῆς Εὐκτήμονος ὡς οὔσης ἐπικλήρου, καὶ αὐτοῦ τοῦ κλήρου τοῦ Εὐκτήμονος πέμπτου μέρους ὡς ἐπιδίκου ὄντος, μεμαρτύρηκε δ' Εὐκτήμονος ὑὸν εἶναι γνήσιον. καίτοι πῶς οὗτος οὐ σαφῶς ἐξελέγχει αὐτὸς αὑτὸν τὰ ψευδῆ μεμαρτυρηκότα; Οὐ γὰρ δήπου γνησίου ὄντος υἑος Εὐκτήμονι ἐπίκληρος ἂν ἦν ἡ θυγάτηρ αὐτοῦ, οὐδὲ ὁ κλῆρος ἐπίδικος. ὡς τοίνυν ἔλαχε ταύτας τὰς λήξεις, ἀναγνώσεται ὑμῖν τὰς μαρτυρίας.

<μαρτυρίαι>

47 τοὐναντίον τοίνυν συμβέβηκεν ἢ ὡς ὁ νόμος γέγραπται· ἐκεῖ μὲν γάρ ἐστι νόθῳ μηδὲ νόθῃ <μὴ> εἶναι ἀγχιστείαν μήθ' ἱερῶν μήθ' ὁσίων ἀπ' Εὐκλείδου ἄρχοντος, Ἀνδροκλῆς δὲ καὶ Ἀντίδωρος οἴονται δεῖν, ἀφελόμενοι τὰς Εὐκτήμονος θυγατέρας τὰς γνησίας καὶ τοὺς ἐκ τούτων γεγονότας, τόν τε Εὐκτήμονος οἶκον καὶ τὸν
48 Φιλοκτήμονος ἔχειν. καὶ ἡ διαφθείρασα τὴν Εὐκτήμονος γνώμην καὶ πολλῶν ἐγκρατὴς γενομένη οὕτως ὑβρίζει σφόδρα πιστεύουσα τούτοις ὥστε οὐ μόνον τῶν Εὐκτήμονος οἰκείων καταφρονεῖ, ἀλλὰ καὶ τῆς πόλεως ἁπάσης. ἀκούσαντες δὲ ἓν μόνον σημεῖον ῥᾳδίως γνώσεσθε τὴν ἐκείνης παρανομίαν. Καί μοι λαβὲ τοῦτον τὸν νόμον.

Oration VI

<νόμος>

49 ταυτὶ τὰ γράμματα, ὦ ἄνδρες, ὑμεῖς οὕτω σεμνὰ καὶ εὐσεβῆ ἐνομοθετήσατε, περὶ πολλοῦ ποιούμενοι καὶ πρὸς ταύτας καὶ πρὸς τοὺς ἄλλους θεοὺς εὐσεβεῖν· ἡ δὲ τούτων μήτηρ, οὕτως ὁμολογουμένως οὖσα δούλη καὶ ἅπαντα τὸν χρόνον αἰσχρῶς
50 βιοῦσα, ἣν οὔτε παρελθεῖν εἴσω τοῦ ἱεροῦ ἔδει οὔτ' ἰδεῖν τῶν ἔνδον οὐδέν, οὔσης τῆς θυσίας ταύταις ταῖς θεαῖς, ἐτόλμησεν συμπέμψαι τὴν πομπὴν καὶ εἰσελθεῖν εἰς τὸ ἱερὸν καὶ ἰδεῖν ἃ οὐκ ἐξῆν αὐτῇ. ὡς δὲ ἀληθῆ λέγω, ἐκ τῶν ψηφισμάτων γνώσεσθε ἃ ἐψηφίσατο ἡ βουλὴ περὶ αὐτῆς. λαβὲ τὸ ψήφισμα.

<ψήφισμα>

51 ἐνθυμεῖσθαι τοίνυν χρή, ὦ ἄνδρες, πότερον δεῖ τὸν ἐκ ταύτης τῶν Φιλοκτήμονος εἶναι κληρονόμον καὶ ἐπὶ τὰ μνήματα ἰέναι χεόμενον καὶ ἐναγιοῦντα, ἢ τὸν ἐκ τῆς ἀδελφῆς τοῦτον, ὃν υἱὸν αὐτὸς ἐποιήσατο· καὶ πότερον δεῖ τὴν ἀδελφὴν Φιλοκτήμονος, ᾗ Χαιρέᾳ συνῴκησε, νῦν δὲ χηρεύει, ἐπὶ τούτοις γενέσθαι ἢ ἐκδοῦναι ὅτῳ βούλονται ἢ ἐὰν καταγηράσκειν, ἢ γνησίαν οὖσαν ὑφ' ὑμῶν ἐπιδικασθεῖσαν συνοικεῖν ὅτῳ ἂν ὑμῖν
52 δοκῇ. ἡ γὰρ ψῆφός ἐστι περὶ τούτων νυνί. τουτὶ γὰρ αὐτοῖς ἡ διαμαρτυρία δύναται, ἵν' ὁ κίνδυνος τοῖσδε μὲν ᾖ περὶ τούτων, οὗτοι δὲ κἂν νῦν διαμάρτωσι τοῦ ἀγῶνος, δόξῃ δὲ ὁ κλῆρος ἐπίδικος εἶναι, ἀντιγραψάμενοι δὶς περὶ τῶν αὐτῶν ἀγωνίζωνται, καίτοι εἰ μὲν διέθετο Φιλοκτήμων μὴ ἐξὸν αὐτῷ, τοῦτ' αὐτὸ ἐχρῆν διαμαρτυρεῖν, ὡς οὐ κύριος ἦν υἱὸν τόνδε ποιήσασθαι· εἰ δ' ἔξεστι μὲν διαθέσθαι, ἀμφισβητεῖ δὲ ὡς οὐ δόντος οὐδὲ διαθεμένου, μὴ διαμαρτυρίᾳ κωλύειν ἀλλ' εὐθυδικίᾳ
53 εἰσιέναι. νῦν δὲ πῶς ἄν [τις] περιφανέστερον ἐξελεγχθείη τὰ ψευδῆ μεμαρτυρηκὼς ἢ εἴ τις αὐτὸν ἔροιτο· Ἀνδρόκλεις, πῶς οἶσθα Φιλοκτήμον' ὅτι οὔτε διέθετο οὔτε υἱὸν Χαιρέστρατον ἐποιήσατο; οἷς μὲν γάρ τις παρεγένετο, δίκαιον, ὦ ἄνδρες, μαρτυρεῖν, οἷς δὲ μὴ
54 παρεγένετο, ἀλλ' ἤκουσέ τινος, ἀκοὴν μαρτυρεῖν· σὺ δ' οὐ παραγενόμενος διαρρήδην μεμαρτύρηκας ὡς οὐ διέθετο Φιλοκτήμων, ἀλλ' ἄπαις ἐτελεύτησε. καίτοι πῶς οἷόν τε εἰδέναι, ὦ ἄνδρες; ὅμοιον γὰρ ὥσπερ ἂν εἰ φαίη εἰδέναι, καὶ μὴ παραγενόμενος, ὅσα ὑμεῖς πάντες πράττετε. οὐ γὰρ δὴ τοῦτό γε ἐρεῖ, καίπερ ἀναίσχυντος ὤν, ὡς ἅπασι παρεγένετο καὶ πάντ'
55 οἶδεν ὅσα Φιλοκτήμων ἐν τῷ βίῳ διεπράξατο. πάντων γὰρ αὐτὸν ἐκεῖνος ἔχθιστον ἐνόμιζε διὰ <τε> τὴν ἄλλην πονηρίαν καὶ διότι τῶν συγγενῶν μόνος μετὰ τῆς Ἀλκῆς ἐκείνης τούτῳ καὶ τοῖς

18 Isaeus

ἄλλοις συνεπιβουλεύσας τοῖς τοῦ Εὐκτήμονος χρήμασι τοιαῦτα διεπράξατο, οἷά περ ὑμῖν ἀπέδειξα.
56 πάντων δὲ μάλιστα ἀγανακτῆσαί ἐστιν ἄξιον, ὅταν οὗτοι καταχρῶνται τῷ Εὐκτήμονος ὀνόματι τοῦ τουδὶ πάππου. εἰ γάρ, ὡς οὗτοι λέγουσι, τῷ μὲν Φιλοκτήμονι μὴ ἐξῆν διαθέσθαι, τοῦ δ' Εὐκτήμονός ἐστιν ὁ κλῆρος, πότερον δικαιότερον τῶν Εὐκτήμονος κληρονομεῖν τὰς ἐκείνου θυγατέρας, ὁμολογουμένως οὔσας γνησίας, καὶ ἡμᾶς τοὺς ἐκ τούτων γεγονότας ἢ τοὺς οὐδὲν
57 προσήκοντας, οἳ οὐ μόνον ὑφ' ἡμῶν ἐλέγχονται, ἀλλὰ καὶ ἐξ ὧν αὐτοὶ ἐπίτροποι διαπεπραγμένοι εἰσί; τοῦτο γὰρ ὑμῶν δέομαι καὶ ἱκετεύω σφόδρα μεμνῆσθαι, ὦ ἄνδρες, ὅπερ ὀλίγῳ πρότερον ἀπέδειξα ὑμῖν, ὅτι Ἀνδροκλῆς οὑτοσὶ φησὶ μὲν εἶναι ἐπίτροπος αὐτῶν ὡς ὄντων γνησίων Εὐκτήμονος, εἴληχε δ' αὐτὸς [ἐφ'] ἑαυτῷ τοῦ Εὐκτήμονος κλήρου καὶ τῆς θυγατρὸς αὐτοῦ ὡς οὔσης
58 ἐπικλήρου· καὶ ταῦτα μεμαρτύρηται ὑμῖν. καίτοι πῶς οὐ δεινόν, ὦ ἄνδρες, πρὸς θεῶν Ὀλυμπίων, εἰ μὲν οἱ παῖδές εἰσι γνήσιοι, τὸν ἐπίτροπον ἑαυτῷ λαγχάνειν τοῦ Εὐκτήμονος κλήρου καὶ τῆς θυγατρὸς αὐτοῦ ὡς οὔσης ἐπιδίκου, εἰ δὲ μή εἰσι γνήσιοι, νῦν διαμεμαρτυρηκέναι ὡς εἰσὶ γνήσιοι; ταῦτα γὰρ αὐτὰ ἑαυτοῖς ἐναντία ἐστίν. ὥστ' οὐ μόνον ὑφ' ἡμῶν ἐλέγχεται τὰ ψευδῆ
59 διαμεμαρτυρηκώς, ἀλλὰ καὶ ἐξ ὧν αὐτὸς πράττει. καὶ τούτῳ μὲν οὐδεὶς διαμαρτυρεῖ μὴ ἐπίδικον εἶναι τὸν κλῆρον, ἀλλ' εὐθυδικίᾳ εἰσιέναι <ἐξῆν>, οὗτος δ' ἅπαντας ἀποστερεῖ τῆς ἀμφισβητήσεως. καὶ διαρρήδην μαρτυρήσας γνησίους τοὺς παῖδας εἶναι οἴεται ἐξαρκέσειν ὑμῖν παρεκβάσεις, ἐὰν δὲ τοῦτο μὲν μηδ' ἐγχειρήσῃ ἐπιδεικνύναι ἢ καὶ κατὰ μικρόν τι ἐπιμνησθῇ, ἡμῖν δὲ λοιδορήσηται μεγάλῃ τῇ φωνῇ καὶ λέγῃ ὡς εἰσὶν οἵδε μὲν πλούσιοι, αὐτὸς
60 δὲ πένης, διὰ δὲ ταῦτα δόξειν τοὺς παῖδας εἶναι γνησίους. τῆς δὲ τούτων οὐσίας, ὦ ἄνδρες, εἰς τὴν πόλιν πλείω ἀναλίσκεται ἢ εἰς αὐτοὺς τούτους. καὶ Φανόστρατος μὲν τετριηράρχηκεν ἑπτάκις ἤδη, τὰς δὲ λῃτουργίας ἁπάσας λελῃτούργηκε καὶ τὰς πλείστας νίκας νενίκηκεν· οὑτοσὶ δὲ Χαιρέστρατος τηλικοῦτος ὢν τετριηράρχηκε, κεχορήγηκε δὲ τραγῳδοῖς, γεγυμνασιάρχηκε δὲ λαμπάδι· καὶ τὰς εἰσφορὰς εἰσενηνόχασιν ἀμφότεροι πάσας ἐν τοῖς τριακοσίοις. καὶ τέως μὲν δύ' ὄντες, νῦν δὲ καὶ ὁ νεώτερος οὑτοσὶ χορηγεῖ μὲν τραγῳδοῖς, εἰς δὲ τοὺς τριακοσίους ἐγγέγραπται καὶ
61 εἰσφέρει τὰς εἰσφοράς. ὥστ' οὐ φθονεῖσθαί εἰσιν ἄξιοι, ἀλλὰ πολὺ μᾶλλον νὴ τὸν Δία καὶ τὸν Ἀπόλλω οὗτοι, εἰ λήψονται ἃ μὴ προσήκει αὐτοῖς. τοῦ γὰρ Φιλοκτήμονος κλήρου ἂν μὲν ἐπιδικάσηται ὅδε, ὑμῖν αὐτὸν ταμιεύσει, τὰ προστατόμενα λῃτουργῶν ὥσπερ καὶ νῦν καὶ ἔτι μᾶλλον· ἐὰν δ' οὗτοι λάβωσι, διαφορήσαντες ἑτέροις ἐπιβουλεύσουσι.

Oration VI

62 δέομαι οὖν ὑμῶν, ὦ ἄνδρες, ἵνα μὴ ἐξαπατηθῆτε, τῇ διαμαρτυρίᾳ τὸν νοῦν προσέχειν περὶ ἧς τὴν ψῆφον οἴσετε· καὶ πρὸς ταύτην αὐτὸν κελεύετε τὴν ἀπολογίαν ποιεῖσθαι, ὥσπερ καὶ ἡμεῖς κατηγορήσαμεν. γέγραπται ὡς οὐκ ἔδωκεν οὐδὲ διέθετο Φιλοκτήμων· τοῦτο ἐπιδέδεικται ψεῦδος ὄν· καὶ γὰρ [ὁ δοὺς καὶ ὁ
63 διαθέμενος καὶ] μαρτυροῦσιν οἱ παραγενόμενοι. τί ἔτι; τελευτῆσαι ἄπαιδα Φιλοκτήμονα. πῶς οὖν ἄπαις ἦν ὅστις τὸν ἑαυτοῦ ἀδελφιδοῦν ὑὸν ποιησάμενος κατέλιπεν, ᾧ ὁμοίως ὁ νόμος τὴν κληρονομίαν ἀποδίδωσι καὶ τοῖς ἐξ αὐτοῦ γενομένοις; καὶ διαρρήδην ἐν τῷ νόμῳ γέγραπται, ἐὰν ποιησαμένῳ παῖδες ἐπιγένωνται, τὸ μέρος ἑκάτερον ἔχειν τῆς οὐσίας καὶ κληρονομεῖν
64 ὁμοίως ἀμφοτέρους. ὡς οὖν εἰσὶ γνήσιοι οἱ παῖδες οἵδε, τοῦτ᾽ αὐτὸ ἐπιδεικνύτω, ὥσπερ ἂν ὑμῶν ἕκαστος. οὐ γὰρ ἂν εἴπῃ μητρὸς ὄνομα, γνήσιοί εἰσιν, ἀλλ᾽ ἐὰν ἐπιδεικνύῃ ὡς ἀληθῆ λέγει, τοὺς συγγενεῖς παρεχόμενος τοὺς εἰδότας συνοικοῦσαν τῷ Εὐκτήμονι <καὶ> τοὺς δημότας καὶ τοὺς φράτορας, εἴ τι ἀκηκόασι πώποτε ἢ ἴσασιν ὑπὲρ αὐτῆς Εὐκτήμονα λῃτουργήσαντα, ἔτι δὲ ποῦ
65 τέθαπται, ἐν ποίοις μνήμασι, <καὶ> τίς εἶδε τὰ νομιζόμενα ποιοῦντα Εὐκτήμονα· ποῖ δ᾽ ἔτ᾽ ἰόντες οἱ παῖδες ἐναγίζουσι καὶ χέονται, καὶ τίς εἶδε ταῦτα τῶν πολιτῶν ἢ τῶν οἰκετῶν <τῶν> Εὐκτήμονος. ταῦτα γάρ ἐστιν ἔλεγχος ἅπαντα, καὶ οὐ λοιδορία. καὶ ἐὰν περὶ αὐτοῦ τούτου κελεύητε ἐπιδεικνύναι ὥσπερ καὶ διεμαρτύρησεν, ὑμεῖς τε τὴν ψῆφον ὁσίαν καὶ κατὰ τοὺς νόμους θήσεσθε, τοῖσδέ τε τὰ δίκαια γενήσεται.

Commentary

II. On the Estate of Menecles

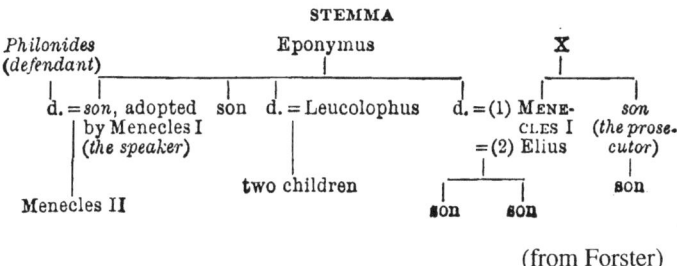

(from Forster)

A ὑπόθεσις: here, "summary," followed by a technical analysis of the speech.
ποιησαμένου < ποιοῦμαι, "make for oneself"; here, "adopt," as often; genitive absolute.
ἐπιβιώσαντος ... ἔτη: The fact that the speaker was made Menecles' son *inter vivos* (while the latter was still alive), rather than by means of a will, is significant. The difficulty of the latter was that the document warranting it could be forged—and therefore this type of adoption was more difficult to prove (M. 102).
ποιήσει < ποίησις, ἡ, "adoption"; dative after ἐπι(βιώσαντος), "in addition to," i.e., "after."
ἔτη < ἔτος, τό, "year"; accusative of extent of time.
ἀμφισβητησάντων < ἀμφισβητέω, "lay claim to" + genitive (technical term).
μὴ εἶναι: μή is used instead of οὐ in "an expression of asseveration and belief."
ἐπίδικον: "adjudicable," i.e., able to be disputed.
καταλείψαντος: causal genitive absolute.
ἐπέσκηψαν < ἐπισκήπτω, "lay a charge of x (genitive) upon y (dative)."
πρὸς τούτους: πρὸς + accusative = "against," as often.
αὐτοῦ: i.e., Philonides.
εἰσέρχεται: lit., "enter"; here, "undertake."
ἐναντίος: "the opposite of" + dative (τῷ).
τῷ: sc. λόγῳ.
ἐκεῖ: refers to "On the Estate of Cleonymus"; ὧδε then refers to this speech.
ἡ στάσις ἀντίληψις κατὰ στοχασμόν: "the matter is a defense

22   Deborah Kamen

based on a point of fact."
ἐξῆν < ἔξεστι, "it is allowed."
αὐτῷ: i.e., Menecles.
τὸ στοχαστικόν: "conjecturing, point of fact."

1   ποιηθῆναι: For ποιοῦμαι, see on A. Infinitive in indirect discourse after ἡγούμην (< ἡγέομαι); its subject, ἐγώ, is nominative because it is also the subject of the main verb.
οὐκ ... ποτε < οὔποτε.
ἄν: with τολμῆσαι, potential clause in indirect discourse.
θεῖος: "uncle."
ἄπαιδα τεθνεῶτα: both the adjective and the participle (< ἀποθνήσκω) act as a complement to ἀδελφόν.
οὔθ' = οὔτε, with both elision and assimilation.
αἰσχυνόμενος: "being ashamed before" (+ accusative).
προσηκόντως: "suitably."
ἐπίδικος: See on A.

2   ὄντος ἐμοῦ: causal genitive absolute.
διεμαρτύρησε < διαμαρτυρέω, "speak (as witness)." The διαμαρτυρία—the formal presentation of a witness—served in inheritance cases as a means of barring an ἐπιδικασία (uncontested claim to the estate of a dead man) (T. 375).
τἀληθῆ = τὰ ἀληθῆ by crasis.

3   Ἀχαρνεύς: inhabitant of Ἀχαρναί, the largest deme of Attica, and situated about seven miles from Athens.
ἐχρῆτο < χράομαι, "be intimate with."
τελευτήσαντος ... ἀδελφήν: Athenian law stated that "if a woman be betrothed for lawful marriage by her father or by a brother begotten of the same father or by her grandfather on her father's side, her children shall be legitimate. In case there be none of these relatives, if the woman be an heiress, her guardian shall take her to wife, and if she be not, that man shall be her guardian to whom she may entrust herself" (Dem.46.18).
εἶχεν ὥραν: i.e., to be of marriageable age.
προῖκα: "(as) a dowry."
μνᾶς: 1 mna = 100 drachmai. In the fifth century, 1 drachma = a day's wage, but we must allow for some inflation in the fourth century. Wyse calls 20 mnae a "modest dowry" (243).

4   τὰ νομιζόμενα: "the customary rites."

ᾔτει < αἰτέω, "ask x (accusative) for y (accusative)."
ὑπομιμνῄσκων: "mentioning" (+ accusative of thing mentioned).
διακείμενος: "being (well-) disposed."

5   εἰδότες < οἶδα, "know."
ἂν ἔδωκεν: past contrary-to-fact.
ἥδιον: comparative neuter singular of ἡδύς; used as an adverb.
ἄπροικον: Dowry was not necessary for a marriage to be valid (as far as we can tell), but women without dowries were represented as more "suspect" by their opponents in court (T. 215).
οὗτος: used universally to refer to the prosecutor.
ἑκάστοτε: "on each occasion," i.e., again and again. By continually insisting that there was no dowry, the prosecutor hopes to cast doubt upon the legitimacy of the marriage and secure further support for his claim that Menecles was coerced by a woman—who wasn't even legally his wife—into adopting the speaker.
κατέστημεν: "became"; intransitive second aorist of καθίστημι.
μαρτυρίαν: "evidence."
<μαρτυρία>: In the fourth century, witnesses could give evidence beforehand in writing (depositions); at the trial, they were only required to give a sign of assent when their statements were read aloud (*OCD*[3] 826). Angle brackets enclose material added by the editor.

6   τὸ στρατεύεσθαι: accusative gerund, object of the preposition ἐπί.
μετὰ Ἰφικράτους: "to have followed so great a captain was something to be proud of" (W. 244). Isaeus bolsters the speaker's credibility (in the eyes of the judges) by having him allude to his respectable military past. (Iphicrates was a famous Athenian general who won repute after quashing a Spartan brigade at Corinth [393-389 BC].)
του ... ἄξιοι: "worthy of something," i.e., "worthy of repute."
περιποιησάμενοι < περιποιέω, in middle, "save up (money)."
καταλαμβάνομεν < καταλαμβάνω, "find."
τῇ πρεσβυτέρᾳ ἀδελφῇ: dative of possession.

7   πολλά: accusative of respect; translate adverbially.
οὔκουν = οὐκ + οὖν.
δεῖν ἐκείνην ... ἀπολαῦσαι: The impersonal verb δεῖ takes subject accusative + infinitive.
ἀπολαῦσαι < ἀπολαύω, "enjoy an advantage (accusative) from some source (genitive)"; note the irony.
ἄπαιδα ... αὐτῷ: in apposition to τοῦτο.

8 **[καὶ ἐκ ... ἱκετεύει αὐτῷ]**: These lines should be bracketed as later additions to the text (i.e., incorporated from marginal notes). Isaeus would not have had any need to thus spell out what was already strongly implied; such clarification would have come across as condescending.
ἀπεβάλετο: sc. αὐτήν.
ἐδεῖτο < δέομαι, "beg x (genitive) to y (infinitive)."
γνώμης < γνώμη, ἡ, here, "consent."
ἐκελεύομεν: "bade."
ὅ τι: retained inner accusative.

9 **τὸ ... πρῶτον**: adverbial.
ἠνέσχετ' < ἀνέχω, "hold up"; in middle, "tolerate."
προϊόντος < πρόειμι, "advance."
Σφηττίῳ: inhabitant of Σφηττός, a deme southwest of Athens.
μετασχών < μετέχω, "enjoy a share of" + genitive, in this case, τῆς μισθώσεως ("rent"), of which τοῦ οἴκου is the object. Wyse thinks that being part-lessee of the estate of a certain Nicias' orphaned children was what gave Menecles possession of a large sum of money, from which he could easily repay the girl's dowry (245). Another possibility is that Menecles was one of the orphans' κύριοι, and in this way administered the income from the tenants.
τὰ ἱμάτια ... τὰ χρυσίδια: By law Menecles was not required to return articles not included in the dowry; by doing so, the speaker suggests that the divorce took place on amicable terms. Amicable divorces may have actually been more common than our sources let on (T. 215).
παρ' = παρά + accusative, "to (the side of)"; here, for the sake of marriage.

10 **ὅπως μὴ ἔσοιτο**: indirect question in secondary sequence.
ἔσοιτο: the subject of the first one is Menecles; that of the second is an understood τις.
γηροτροφήσοι ... θάψοι ... ποιήσοι: Subordinate clauses in purpose clauses often take subjunctive/optative by attraction.
τελευτήσαντα θάψοι αὐτόν: Sons were expected to pay respects to their father's tombs. They did so partly because they believed they were helping the deceased (G. 118); and partly because it was required by law in order 1) to be appointed to office, and 2) to prove one's claim (if disputed) to an inheritance (G. 104). However, if one died childless, there would no one to tend to one's tomb.
τούτῳ: dative of possession; refers to the prosecutor.
ἑώρα < ὁράω, third person singular imperfect.

ἐδόκει αὐτῷ αἰσχρόν: The speaker seems to be implying, by comparison, that the prosecutor had no such qualms about making his brother ἄπαις; the two brothers' morals are contrasted.
ὥστε ... εἰσποιήσασθαι: Take in this order: ὥστε ἐδόκει αὐτῷ εἶναι αἰσχρὸν κελεύειν τοῦτον, καθιστάντα ἄπαιδα ἀρρένων παίδων, δοῦναι τοῦτον αὐτῷ εἰσποιήσασθαι.

11 ὄνθ' = ὄντα, accusative singular masculine participle of εἰμί.
ἡμῶν: genitive of comparison.
συνέβη < συμβαίνω, "come to pass, turn out."
φύσει < φύσις, ἡ, "nature."
ἐβουλήθη ἄν: past contrary-to-fact.

12 [ἐπειδὴ ... πάντων]: This only makes sense with Menecles as the subject, in which case one expects ἡμᾶς, not αὐτούς; therefore, this must be a marginal note.
ἐπῄνεσε < ἐπαινέω, "praise."
δέοιτο < δέομαι, here, "necessitates" (+ genitive); optative in secondary sequence indirect statement; the subject is the two nouns that follow.
ἀποδημία: The reason for the speaker's brother's going-out-of-town is not given.
βούλῃ < βούλομαι, second person singular present subjunctive.

13 τοῦτο: refers back to ὡς clause on previous line.
νόμον: This law can be found in [Dem.] 46.14 (W. 248).
ἀνάγνωθι < ἀναγιγνώσκω, "read" (used almost always of reading laws or depositions in court), aorist second person imperative.
ἐξεῖναι: impersonal, "it is permitted."
ὅπως: "however, in whatever way"; here, an indefinite relative introducing a relative clause equivalent to the protasis of a present general condition.
ὦσι < εἰμί, present subjunctive, third personal plural.
τὸ ἐξεῖναι: take in apposition to ταύτην ... παραψυχήν.

14 διδόντων < δίδωμι, here, "allow x (dative) to y (infinitive)."
ἀλλ' ὑγιαίνων, εὖ φρόνων, εὖ νόων: This is significant for the speaker to mention. Athenian law states: "Any citizen ... shall have the right to dispose of his own property by will as he shall see fit, if he have no male children lawfully born, unless his mind be impaired by one of these things, lunacy or old age or drugs or disease, or unless he be under the influence of a woman, or under constraint or deprived of his liberty" (Dem. 46.14).

εἰς τοὺς φράτορας: The Athenian father presented his sons (both biological and adopted) to the members of his phratry (his clansmen) and to his demesmen, and swore an oath that the children were γνήσιοι (T. 179). Most scholars assume that membership in both deme and phratry was a necessary element in the conferral of citizenship (L. 32).
ὀργεῶνας: members of a private religious association, of which Menecles was part. Their relationship to the phratry has been disputed (see, e.g., K. 573-577).

15 ὡς ... φρονοῦντι: "on the ground that he was <not> thinking straight." The passage is almost nonsensical without the addition of <οὐκ>.
ἦν < εἰμί, imperfect third personal singular; unreal apodosis in mixed condition.
ἐξερημοῦν < ἐξερημόω, "abandon, leave empty," present infinitive.
ἐπεβίω < ἐπιβιόω, "live on," aorist third person singular.
μετέγνω < μεταγιγνώσκω, "regret x (genitive)," aorist third person singular.
τὸ ... ὁμολογεῖσθαι: gerund, object of preposition διά.

16 μάρτυρας: Take in apposition to τοὺς φράτορας καὶ τοὺς ὀργεῶνας καὶ τοὺς δημότας.
ἀναγνώσεται: subject is the court secretary.
ἀνάγνωθι: See on 13

17 ἀποδέδεικται < ἀποδείκνυμι, "demonstrate."
ἡμῖν: dative of agent with perfect passive verb.
ὁ μάρτυς: i.e., Philonides.
πρός: here, "against."
πρός γε τὴν ποίησιν αὐτήν: Essentially, it's a moot point—the speaker's opponents are not claiming that the adoption was not carried out properly, but that Menecles had been unjustly swayed in deciding whom to adopt. But, as Wyse suggests, this is probably an attempt to obscure the issue at hand (251).
ὁντινοῦν: "whatsoever."
δύναιντ' ἄν: potential optative.

18 κἀκεῖνος = καὶ ἐκεῖνος, i.e., Menecles.
τὸν αὐτὸν τρόπον: adverbial accusative.
γόνῳ < γόνος, ὁ, "begetting, procreation." This term stresses the biological aspect of descent.
ὄντα πατέρα: sc. "him."

Oration II 27

ἠσχυνόμην < αἰσχύνω, in passive, "respect" (literally, "feel shame before").

ὥστε ἐκεῖνον ... ἐπαινεῖν: natural result, with ἐκεῖνον as the subject of the infinitive; sc. με as the object of the infinitive.

19 **πεποίηται**: here, "made (for his own benefit)," rather than "adopt."

ὡς ... πεισθείς: causal participial phrase; note it is significantly ὡς— and not ἅτε or οἷα—as this is the *alleged* cause.

πολλῷ πρότερον ... ἤ: Alternative versions are (a) πρότερον πρίν and (b) πρότερον πρὶν ἤ (W. 253).

20 **προειρημένας** < προλέγω, "speak before."

ἂν ἐποιήσατο: past potential.

τηνικαῦτα: "at that time."

φαίνεται ... πεισθείς: φαίνεται + participle = "it is apparent."

τὸ ὄνομα τοῦτο: i.e., craziness.

21 **πυθέσθαι** < πυνθάνομαι + genitive, "learn from."

πότερα: Do not translate.

οὐχ ... φιλοχρήματος: The point here is that the opponent, even though demonstrably greedy, would nevertheless stop short of leaving himself childless, despite the possible financial gain.

τὸν ... τὸν ... τόν: sc. υόν in each case.

τὴν ἀρχήν: adverbial accusative.

22 **καταγηρᾶν** < καταγηράω, "grow old," infinitive.

αὐτόν: accusative subject of understood infinitive (πεπραχέναι, for instance) as part of the noun clause/direct object of ἀξιοῖ.

ἄν: with ὁμολογῆσαι, potential clause in indirect discourse.

ἂν ποιησάμενος: ἄν is anticipatory ("warning flag") of the next ἄν.

ἄλλον: Take with both ποιησάμενος and ἐποιήσατ'.

ἐποιήσατ' ἄν: See on 20.

23 **τὸ παράπαν**: adverbial.

24 **ποιήσεως**: See on A.

αὐτῷ: dative following χρῶνται.

αἰσχύνεται ... ἀποστερῶν: Take these two together.

τοῦ ποιήσασθαι: gerund in apposition to τῆς ἐξουσίας.

γένει: dative of respect.

προσήκουσιν: "relatives."

ἧς ... ἐφθόνησεν: Wyse says this is a false antithesis, "since

strangers, unlike relatives, are neither interested nor justified in scrutinising the circumstances of an adoption" (225). But this is only true to a point: adoption could be used as a way of incorporating outsiders (e.g., bastards or foreigners) into the citizen body, and could therefore affect all citizens. Also, given the voting procedure for the acceptance of an adopted son, anyone (in the deme or phratry, whether relative or not) would be justified in objecting.
προσήκουσιν: dative plural participle.
ἐφθόνησεν < φθονέω, "grudge" (+ gen. of thing grudged).

25 ἄλλ' = ἄλλο, with elision.
ταὐτά = τὰ αὐτά, "the same things."
τούτῳ: "in this way."

26 τῷ ... λόγῳ τούτῳ: dative with causal sense.
ᾧ: attracted to the case of its antecedent; one expects ὅν.
οἷς: translate as τούτοις ἅ.
τοῖς τε γὰρ ... λέγων φαίνεται: take in this order: φαίνεται λέγων τἀναντία τοῖς τε γὰρ ... ἐποίησεν ἄν.
δικαίοις: "fair things," i.e., justice.
τἀναντία = τὰ ἐναντία by crasis, "opposite of x (dative)."
κύριον: here, "valid"; take predicatively.

27 διαφερόμενος < διαφέρομαι, "be at variance, quarrel with" (+ dative).
ἀναίνεται, εἰ ἐγὼ ἔσομαι ὑὸς Μενεκλέους: "disdains, repudiates, the prospect of my being the son of Menecles ... the construction is unique" (W. 257). Note the force of the future indicative in the protasis; a subjunctive would have indicated a degree of uncertainty about the validity of the adoption, which is precisely what the speaker wants to avoid.
χρημάτων: "money."
συνοικίαν: "apartment building."
ἐπειδὴ τῷ ὀρφανῷ τὸ ἀργύριον ἀπέδωκεν: When Nicias' eldest son came of age, he assumed administration of the estate, and Menecles was called upon to give back the capital and interest. Doing so required that he sell a portion of the property he shared with his brother (F. 38). This sold property may have been designated as security (Mi. 223).
ἐξελέγχεται < ἐξελέγχω, "refute, convict (of)."

28 ὁπόθεν ἀποδῷ: lit., "whence he might pay"; i.e., "the wherewithal to pay."

τόκοι < τόκος, ὁ, "interest." This passage suggests that Menecles was indeed ἐπίτροπος (guardian) rather than part-lessee of the estate.
συνερρυηκότες < συρρέω, "flow together," i.e., "accumulate"; perfect participle.
ἐπώλει < πωλέω, "sell"; conative ("attempted to x") imperfect.
ἐπηρεάζειν < ἐπηρεάζω, "act spitefully toward x (dative)."
διεκώλυε: conative imperfect.
πραθῆναι < πιπράσκω, "sell"; aorist passive infinitive.
κατοκώχιμον: "capable of being possessed"; sc. τὸ χωρίον.
ἠμφισβήτει < ἀμφιβητέω, "disagree with x (dative) over y (genitive)," i.e., "claim x from y."
μή: redundant negative after ἀπηγόρευε < ἀπαγορεύω, "forbid."

29 **οὗ**: sc. τὸ μέρος.
Πιθεῖ: from the deme Πίθος.
ἑβδομήκοντα μνῶν: genitive of price.
λαγχάνει δίκην: "bring action against someone" (+ genitive of charge).
ἀπορρήσεως < ἀπόρρησις, ἡ, "refusal (of sale)."
ἐχθροὺς ... καθιστάναι: take as: ἐμὲ καθιστάναι αὐτούς, ὄντας ἀδελφούς, ἐχθρούς.
κηδεστῇ < κηδεστής, ὁ, "brother-in-law."
τοῖς φίλοις: "our friends"; both sides nominated arbitrators.
ἐπιτρέψαι ... διαιτῆσαι: An infinitive after ἐπιτρέπειν is found only here (W. 260); the verb means, among other things, "to refer (a matter to arbitration)."
διαιτῆσαι < διαιτάω, "act as arbitrator."

30 **διαγνῶναι** < διαγιγνώσκω, "decide"; infinitive in clause of natural result.
δεῖσθαι: "want"; infinitive in indirect statement with implied εἶπον.
γνῶναι τὰ συμφέροντα: According to the speaker, the arbitrators have the choice of either deciding which of the disputants had the law (τὰ δίκαια) on his side, or working out a practical compromise acceptable to both parties.
ἀπαλλαγῶμεν < ἀπαλλάσσω, in passive, "get rid of x (genitive)"; aorist.
ᾠόμεθα < οἴομαι, "think."

31 **πρὸς τῷ βωμῷ τῷ τῆς Ἀφροδίτης τῆς Κεφαλῆσι**: Wyse points out that private arbitrations were sometimes held in temples (261). This particular sanctuary, Aphrodite at Cephale, is mentioned on an

inscription which was found about 12 miles north of Sunium, near the east coast of Attica (F. 58).
διῄτησαν: See on 29.
ἀποστῆναι ὧν: read as ἀποστῆναι τούτων ὧν.
ἀπαλλαγήν < ἀπαλλαγή, ἡ, a technical term, "a reconciliation which cannot be appealed to a court."
μεταλήψονται < μεταλαμβάνω, "get a share of" (+ genitive).

32 ἐκ ... τοῦ λοιποῦ χρόνου: "for the future"; likewise at the end of the section.
ἔγνωσαν < γιγνώσκω, here, "decide."
ἦ μήν: Do not translate; serves to confirm an assertion in protestations and oaths.
ποιεῖν ἀλλήλους: ποιέω here is "treat."
κατὰ δύναμιν εἶναι: "as far as lies in our power."

33 ὡς: "as proof that"; governed by παρέξομαι μάρτυρας.
ἐγνώσθη: See on 32.
ταυτί: ταῦτα + deictic iota. The deictic iota emphasizes the demonstrative pronoun; translate as "this/these here."
τὸν μὲν ... ἐκ τοῦ οἴκου: take in apposition to ταυτὶ τὰ ἀγαθά.
τοὺς γνόντας αὐτούς: "those themselves who made the decision."
ἐὰν ἐθέλωσιν ἀναβαίνειν: Their will is, by law, insignificant; if requested for evidence, arbitrators—like other witnesses—could be compelled to testify. Either the speaker does not sincerely want them to testify, or he is simply trying to demonstrate the general unhelpfulness and unfairness of his opponents.

34 μοι: here, polite interjection common with imperatives; translate as "please."
ἐπίλαβε τὸ ὕδωρ: Water-clocks were used to time the length of speeches, and they were stopped during the readings (F. 59).

35 ἔργῳ καὶ οὐ λόγῳ ὥσπερ ἐγώ: i.e., while the speaker is Menecles' heir in name, the opponent manages to secure the bulk of the inheritance, making him the "actual" heir, or heir "in deed"; sc. ἐστί.
ἐμοῦ: genitive of comparison.
ἐξερημώσων: "to make empty"; participle expressing purpose.

36 ἵνα ... γένηται: one of several purposes of Athenian adoption.
ἐπίθημα: "gravestone."
ἔνατα: offerings taken to the grave on the ninth day after the funeral.

Some editors suggest the addition of καὶ τὰ τρίτα, to be consistent with the sequence in 37
ὡς οἷόν τε κάλλιστα: "as attractively as is possible."

37 ὁ συγγενής: The speaker says this casually, as if the validity of his adoption—and thus his rightful role as son of Menecles—were not in question.
περιείλετο < περιαιρέω, "completely take."
τὰ τρίτα: offerings taken to the grave on the third day after the funeral.
ἀναγνώσεται: See on 16.
εἰδότων: See on 5.

38 ὧν: take as τούτων ἅ.
διαλύσεις < διάλυσις, ἡ: "reconciliation"; direct object of ποιησάμενοι.

39 κληρονόμος: "heir."
τῶν: the things/property (of Menecles).

40 ἀφελέσθαι < ἀφαιρέω, in middle, "take x (acc.) from y (acc.) for oneself."

41 προδοῦναι < προδίδωμι, "betray"; take in apposition to τὸ πρᾶγμα.
ἀπέστην < ἀφίστημι, "abandon" (+ genitive).
ἔστι ... οὐδὲ ἕν: i.e., "I'm not doing it for the money, I'm doing it because I owe honor to my father; but by giving up the money—measly as it is—I would be saying that I'm not really Menecles' son."

42 ὑόν: predicate noun after ποιήσασθαι.
ἀπὸ τῆς οὐσίας: "(funded) from his property."
ἐγυμνασιάρχουν < γυμνασιαρχέω: "serve as a gymnasiarch," that is, someone whose duty was to pay for torch-races at certain festivals.
ἐφιλοτιμήθην < φιλοτιμέομαι, "seek standing, honor."
τῇ φυλῇ: tribe, the largest tactical unit in the Athenian army. Wyse thinks καὶ ἐν τῷ δημῷ should be bracketed—saying that soldiers served with members of their tribe, not necessarily with members of their deme (W. 268). Whitehead, on the other hand, says that "the speaker is not saying that he had fought in any official subdivision of the Athenian army called (even unofficially) a 'deme.' He is saying that the men who would verify, from a military standpoint, his wholehearted assumption of the role of adoptive son of Menecles would be those in whose company he had spent the campaign—his fellow tribesmen and his fellow

demesmen" (Wh. 225).

43 με ἀγωνίζεσθαι: direct object of ταῦτ' ... τὰ ποιοῦντα.
ἀλλ' εἰ ... λυποῦντά με: Take as: ἀλλὰ ταῦτ' ἐστὶ τὰ λυποῦντά με, εἰ δοκῶ εἶναι οὕτω φαῦλος ἄνθρωπος καὶ ἄξιος μηδενός, ὥστε ἂν ποιηθῆναι ὑπὸ μὲν εὖ φρονοῦντος μηδ' ὑφ' ἑνὸς τῶν φίλων, ὑπὸ δὲ παραφρονοῦντος.
ἂν ποιηθῆναι: infinitive is explained by natural result; ἄν lends the construction a potential sense. The subject can be omitted because it is the same as that of the main verb, ἐγώ.

44 ἐλεῆσαι < ἐλεέω, "take pity on."
ἀποψηφίσασθαι < ἀποψηφίζομαι, here, "acquit" (+ genitive).
ἀπέφηνα ... ἐμαυτόν: ἀποφαίνω takes accusative subject + participle.
δικαιότατα: neuter superlative adjective; translate adverbially.
διαθήκῃ: "will."

45 ἐπέδειξα ... ἐπιβιόντα: Like ἀποφαίνω, ἐπιδείκνυμι takes accusative + participle.
εἶτα τοὺς νόμους ... ὑεῖς ποιεῖσθαι: Take as: ἐπέδειξα ὑμῖν τοὺς νόμους διδόντας τοῖς ἄπαισι τῶν ἀνθρώπων ἐξουσίαν ποιεῖσθαι ὑεῖς.

46 ἐναγίζῃ: "offer sacrifices to the dead." The Genesia, the state celebration in honor of the dead, was held on the 5th of Boedromion (P. 53).
κύριος: here, "master, in-charge."

47 ἀφέλησθε < ἀφαιρέω, aorist middle prohibitory subjunctive.
τὸ ὄνομα ... λοιπόν ἐστιν: i.e., τὸ ὄνομα ὃ ... λοιπόν ἐστιν τῆς κληρονομίας.
περιίδητε < περιοράω, "allow."
προπηλακισθέντα < προπηλακίζω, "abuse foully"; a very strong verb.
τὰ εὔορκα: "the things in accordance with one's oath"; translate as "in accordance to your oath."

VI. On the Estate of Philoctemon

STEMMA

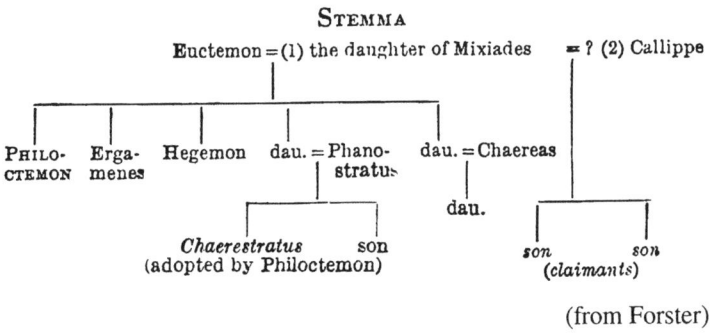

(from Forster)

A. ὑπόθεσις: "summary," here followed by a technical analysis of the speech.
τῶν ἀδελφῶν: "his (i.e., Philoctemon's) sisters."
ποιησάμενος < ποιοῦμαι, here, "adopt."
διαθήκας: "will." The fact that Chaerestratus was adopted under a will, not *inter vivos* (i.e., while Philoctemon was still alive) is quite significant. Sons adopted in the latter way were essentially equal in all respects to sons-by-birth, and entered the adoptive family with full rights. They were not obligated by law to claim their inheritance: possession of the estate was granted to them immediately upon the father's death. Sons adopted under a will, on the other hand, were not recognized as heirs until they had established, before the court, the will's validity (T. 223-225).
τεθείσας < τίθημι, here, "deposit"; aorist passive participle agreeing with διαθήκας.
κἀκείνου = καὶ ἐκείνου, i.e., Euctemon.
ἔλαχεν < λαγχάνω: "put in a formal claim to x (genitive)."
τοῦ κλήρου: "estate, lot."
διαμαρτυρήσαντος < διαμαρτυρέω, "speak (as witness)." The διαμαρτυρία—the formal presentation of a witness—served in inheritance cases as a means of barring an ἐπιδικασία (uncontested claim to the estate of a dead man) (T. 375). The present trial is a δίκη ψευδομαρτυριῶν brought against Androcles for false witness.
μὴ εἶναι: μή is used instead of οὐ in assertions or expressions of belief.
ἐπίδικον: "adjudicable"; sc. κλῆρον.
ὄντος Ἀντιδώρου γνησίου παιδός: (causal) genitive absolute. Ἀντιδώρου is an error: Antidorus is one of the guardians, and the sons' names are not mentioned in the text.

γνησίου: Illegitimate children, νόθοι, were limited in their rights: they were generally not permitted to inherit property (or indeed even to participate in religious observances).
Εὐκτήμονι: dative of possession.
οἱ περὶ Χαιρέστρατον: either "Chaerestratus and his supporters" or simply "the supporters of Chaerestratus."
ἐπεσκήψαντο < ἐπισκήπτω: "denounce" + dative. A technical term: the ἐπίσκηψις marks the first phase of a δίκη ψευδομαρτυριῶν.
καὶ ... καί: apparently "both ... and."
τὴν ἀδελφήν: another mistake: no sister is mentioned in the text (F. 202).
τοῦτον καὶ ... αὐτοῦ: accusative subject of γεγονέναι in indirect statement following φάσκοντες.
διαγορεύειν: "declare"; with subject accusative.
ἀγχιστείαν: "lawful position within the circle of relatives entitled to inherit."
στάσις στοχασμός: "the question at issue is one of fact"; cf. *Or.* II A.
ἐποίησε Χαιρέστρατον υἱόν: υἱόν is complementary to the object Chaerestratus. That is, ποιεῖν plus two accusatives = "make x y."

1 οἰκειότατα: superlative neuter adjective used adverbially, "most familiarly."
<τυγχάνω>: τυγχάνω plus participle, "happen to"; angle brackets enclose material added by the editor.
χρώμενος < χράομαι, "be intimate with x (dative)."
Φανοστράτῳ: Chaerestratus' biological father.
τουτῳί: the deictic iota emphasizes the demonstrative pronoun; translate as "this here."
εἰδέναι < οἶδα.
μὴ εἰδόσιν: dative plural participle; μή instead of οὐ with conditional participle.
ἐρῶ < λέγω, future.
εἰς Σικελίαν: This cannot refer to the Sicilian Expedition of 415 BC. Charestratus, according to §60, was a young man at the time of the trial, and the Expedition preceded the speech by 52 years (§14). Conceivably εἰς Σικελίαν was an erroneous marginal note incorporated into the text; W. prefers the theory that the text is *not* corrupt, and that some mission to Sicily—unrecorded in our surviving historical record—took place (W. 488-489).
ἐξέπλει < ἐκπλέω.
τριηραρχῶν: "commanding a trireme" (a long rowing-ship, the standard warship of the classical world). The trierarchy was a liturgy. A

Oration VI 35

trierarch, chosen for one year from the wealthy adult citizens of Athens, was responsible for bearing the expense of maintaining and repairing a trireme (see *OCD*³, s.vv. trierarchy, trireme).
τὸ ... ἐκπεπλευκέναι: articular infinitive, object of preposition διά.
αὐτός: subject of articular infinitive; nominative because it refers back to the subject of προῄδειν.
προῄδειν < πρόοιδα, first person singular pluperfect, imperfect in sense, "he knew in advance."
ἑάλωμεν < ἁλίσκομαι, "be caught, captured"; aorist.
εἰς: here, "into the hands of."

2 χρῆσθαι < χράομαι: see on 1.
νομίζειν: sc. τούτους; articular infinitive parallel to χρῆσθαι.
ὑπέμενον < ὑπομένω, "endure"; first person singular, imperfect.
οὐ πειρῴμην: This use of the optative plus οὐ is a complete puzzle to Wyse; there is no precedent for such a construction (W. 489-491). Most likely, the text is corrupt: one expects either μή (rather than οὐ) or imperfect indicative.
συνειπεῖν ἐξ ὧν: "speak as advocate (συμφημί) about (sc. ταῦτα, these things) from which."
τὰ εὔορκα: See on *Oration* 2.47.
ἀγών: here, "trial."

3 Κηφισιεύς: inhabitant of Κηφισιά, a deme 12 miles NE of Athens.
δούς < δίδωμι.
τὰ ἑαυτοῦ: sc. χρήματα (not simply money, but property in general).
λαχόντος < λαγχάνω: See on A.
ἐξόν ⟨ ἔξεστι: accusative absolute: a construction similar to the genitive absolute, but used only with the accusative participle of impersonal verbs; translate as "because it is permitted" plus dative (here, τῷ βουλομένῳ).
ἀμφισβητῆσαι: "dispute an inheritance."
τῷ βουλομένῳ: "anyone who wishes," a technical term.
εὐθυδικίᾳ: "by a direct action"; instrumental dative.

4 διεμαρτύρησεν: See on A.
ἐπίδικον: See on A.
ἀποστερῶν < ἀποστερέω: "deprive x (accusative) of y (genitive)"; here with two direct objects, τοῦτον (i.e., Chaerestratus) and ὑμᾶς, and two genitives, τῆς ἀμφισβητήσεως and τοῦ ... γενέσθαι.
ἀμφισβητήσεως: "claim."

τοῦ ... γενέσθαι: articular infinitive, genitive after ἀποστερῶν.
ὄντινα ... Φιλοκτήμονος: relative clause, direct object of κυρίους (here, "entitled to decide").
κληρονόμον: "heir."
τῶν: sc. χρημάτων. See on 3.
ἀδελφούς: predicative: i.e., complementary to the object (τοὺς οὐδὲν προσήκοντας).
ἐκείνῳ: i.e., Philoctemon; dative of possession: "establish as brothers for him."
προσήκοντας: "be related to" + dative. The participial form often means simply "relative," as in, e.g., §§10, 12, 15.
ἀνεπίδικον: "without a formal procedure before the court."
ἕξειν < ἔχω.
αὐτός: nominative because it refers back to the subject of οἴεται.
τῆς ἀδελφῆς τῆς ἐκείνου: i.e., the one married to Chaereas, presently a widow.
κύριος: note the (significant) lack of article. Despite what is commonly said by modern classicists, women could clearly have more than one κύριος (legal representative) at a given time.
ἄκυρον: predicate adjective.

5 πολλῶν ... καὶ δεινῶν: polysyndeton (superfluous conjunction); very common with πολύς.
πολλῶν ... ὄντων: (causal) genitive absolute.
διέθετο < διατίθημι, "make a will"; subject is Philoctemon.
τῷ Φιλοκτήμονι: dative of possession.
ἱππεὺς ... τριήραρχος: "as a cavalryman ... as a trierarch."

6 τώ: dual article.
ὥπερ = ὥ + περ: ὥ is a dual relative pronoun.
ἐγενέσθην: dual aorist middle < γίγνομαι.
τοῖν ... ἀδελφαῖν: dual, genitive.
πολλὰ ἔτη: accusative of extent of time.
συνοικούσῃ: dative of possession.
ἤστην < εἰμί, dual imperfect.

7 τοῦτον κληρονομεῖν: accusative subject plus infinitive in indirect statement.
τῶν: sc. χρημάτων.
κηδεστῇ: "in-law"; here, brother-in-law.
ἀναγνωσθήσεται < ἀναγιγνώσκω, "read."
μοι: polite interjection, common with imperative; translate as "please

<διαθήκη. μάρτυρες>: This is the point at which the will would have been read, and witnesses called forth. Neither the will nor the testimony is present in the text.

ἐφ' οἷς: "on what (terms)."
ὡς δ' ἐξόν ... τὸν νόμον: translate as: (ἵνα δεικνύω) ὡς ... ἔπραξεν, παρέξομαι ὑμῖν αὐτὸν τοῦτον τὸν νόμον, ὅθεν ...
ἐξὸν αὐτῷ: accusative absolute; see on 3.
δικαιότατα ... εἶναι: εἶναι means "it is possible," and takes the complementary infinitive μανθάνειν, which in turn takes the direct object τὰ τοιαῦτ'. δικαιότατα, a superlative neuter adjective, is to be translated adverbially. It can be taken with either ἡγοῦμαι and μανθάνειν.
<νόμος>: This law survives in part in [Dem.] 46.14 (W. 248).

ἐξεῖναι ... διαθέσθαι: "that it is possible ... "; explanatory apposition to ὁ νόμος.
ἄρα: "after all."
μανείς < μαίνομαι, "rage; be mad, crazy"; aorist participle.
γήρως: genitive < γῆρας, τό, "old age."
ἄλλο τι τῶν ἐν τῷ νόμῳ: Athenian law states: "Any citizen...shall have the right to dispose of his own property by will as he shall see fit, if he have no male children lawfully born, unless his mind be impaired by one of these things, lunacy or old age or drugs or disease, or unless he be under the influence of a woman, or under constraint or deprived of his liberty" ([Dem.] 46.14). Wyse points out the absence of the phrase γυναικὶ πειθόμενος, so significant in *Oration* 2 (cf. §§1, 19, 38); the speaker does not want to attract attention to any role Philoctemon's sister might have had in the adoption (W. 494-495).
παρανοῶν, "being deranged."
διαθῆται: in the middle, "dispose of one's property (by will)."
ἔνοχος: "liable to x (dative)."
ὅστις: the antecedent is τοῦτον in the main clause.
ἔζη < ζάω, "live."
τὸ ... τιμᾶσθαι: articular infinitive, governed by the preposition διά.
ἄρχειν: complementary infinitive with ἀξιοῦσθαι, itself in a natural result clause (with ὥστε).
τοῦτον ... ὡς οὐκ εὖ ἐφρόνει: proleptic construction: "this one how", i.e., "how this one."

10 ψευδῆ μεμαρτυρηκώς: Because "what holds democracy together is the oath" (Lycurgus, *Against Leocrates* 79, cited B. 250), perjury was seen as a serious civil (as well as religious) transgression.

[ὡς]: square brackets enclose material removed from text by editor.

ἴσασι < οἶδα.

οἱ φράτορες καὶ τῶν δημοτῶν οἱ πολλοί: The Athenian father presented his sons (both biological and adopted) to the members of his phratry (his clansmen) and to his demesmen, and swore an oath that the children were γνήσιοι (T. 179).

11 ἧς τινος: indefinite, "from whom, whoever she was."

οἵδε: i.e., the two boys whom the opponent claims are legally Euctemon's sons.

τὸ παράπαν: "at all."

καίτοι ... μάρτυρας: Take as: καίτοι εἰκὸς νομίζειν τούτους εἶναι πιστοτάτους μάρτυρας; understand ἐστι with εἰκός.

προσήκει: impersonal verb, "it is fitting."

κάλει: imperative, second person singular.

<μαρτυρίαι>: In the fourth century, witnesses had to give evidence beforehand in writing (depositions); at the trial, they were only required to give a sign of assent when their statements were read aloud (*OCD*[3] 826).

12 ἔτι τοίνυν: "moreover."

ἀντιδίκους: our first indication that Androcles has a partner; Antidorus is not named until 39, and then again at 47.

ἔργῳ: take with the participle, not the main verb.

ἀνακρίσεις: "preliminary hearings" (before presiding magistrate).

παρακατέβαλον: i.e., deposit a sum of money making a claim to property.

εἴη: optative in indirect question in secondary sequence.

ὅτου: "of whom (she was)."

εἶχον < ἔχω plus infinitive = "be able to x."

διαμαρτυρομένων: See on A.

κατὰ τὸν νόμον: See [Dem.] 46.10 (W. 498).

<καίτοι ἄτοπον>: This addition does not seem necessary: the infinitives that follow could be infinitives of exclamation.

ὡς ὑπὲρ γνησίων: sc. ὄντων.

μητέρα: proleptic; take as (μὴ ἔχειν ἀποδεῖξαι) ἥτις ἦν μήτηρ.

13 Λημνίαν: i.e., an inhabitant of Lemnos, an island in the Aegean; claiming this woman was a Lemnian served to grant the opposition a postponement (ἀναβολή), ostensibly in order to procure information

Oration VI 39

from Lemnos. Because Lemnos was an Athenian cleruchy (special type of colony), its inhabitants were considered Athenian citizens.
σκηψάμενοι < σκήπτω, "make a formal declaration"; sc. εἶναι, with Λημνίαν as a predicate adjective.
ἀνάκρισιν: See on 12.
εἴη: optative in secondary sequence indirect statement.
ὡς ἐξαρκέσον: accusative absolute; *alleged* cause: "on the grounds that/in hopes that it would suffice."
πορίσαιντο < πορίζω, optative in secondary sequence indirect statement.
τὸν Πιστόξενον: Take in apposition to ὄνομα.
ζῇ: See on 9; present subjunctive in indirect question; subjunctive retained for vividness.
ἐξ ἐπιτροπευομένης: "from her, being under (Euctemon's) guardianship." Callippe must have been of age (30+) when she bore the children, clearly no longer a minor and thus not requiring an ἐπίτροπος (guardian).
τούτω: (dual) accusative subject of the infinitive γενέσθαι; refers to the two boys.
πλάττοντες < πλάττω, "mold, shape," hence, "fabricate."
ὑπερβάλλον: neuter participle modifying πρᾶγμα.
ὧν: attracted to the case of its antecedent, τούτων; one expects ἅ.

14 **στρατιᾷ**: here, "expedition"; dative of possession.
ἀφ' οὗ: "from the time."
εἰς Σικελίαν ... ἀπὸ 'Αριμνήστου ἄρχοντος: For the Athenians, years were referred to by the name of the eponymous archon. Because the archonship of Arimnestus was in 415 BC, this must refer to the second Sicilian Expedition, in which Athens, under the pretext of helping its allies (the Leontini) against the Syracusans, invaded Sicily. The expedition was cursed from the start—when the general Alcibiades was recalled for allegedly profaning the mysteries—and ended in total disaster.
ἔτη < ἔτος, "year."
τῷ ... πρεσβυτέρῳ: dative of possession.
ὧν: attracted to the case of its antecedent, τούτων; one expects οὕς.
ἀφελόντι < ἀφαιρέω, here, "take away," i.e., "subtract"; "for one subtracting these (20 years)."
πλείω = πλείονα, "more."
προσῆκε: imperfect < προσήκω, "be fitting"; takes subject accusative plus infinitive.

ἀνέκδοτον: "unmarried." There was no standard age at which girls were married: it was sometimes as young as 14 or 15.
ἐγγυηθεῖσαν: ἐγγύησις is the formal betrothal of a woman by her guardian to the man whom she is to marry.
κατὰ νόμον: For the law on betrothal, see [Dem.] 43.54.
ἐπιδικασθεῖσαν: ἐπιδικασία is the process by which the nearest of kin claims the ἐπίκληρος (heiress).

15 οἰκείων: "relatives."
ἀναγκαῖον ἦν: This impersonal construction takes accusative subject plus infinitive.
οἰκετῶν: "slaves."
διῃτήθη < διαιτάω, in passive, "live."

16 κελευόντων: governs three infinitives: ἀποδεῖξαι, ποιεῖσθαι, and παραδοῦναι.
ὅστις ... ἐπιτροπευμένην: direct object of ἀποδεῖξαι. For ἐπιτροπεύω, see on 13.
τινά: indefinite, "any Callippe," "Callippe or whoever it was."
παραδοῦναι: sc. "him" as object.
λαβεῖν ... παραδοῦναι: "take [any of our slaves] ... hand over [any of theirs]." This was a formal request for slaves to be handed over for interrogation under torture.
προκλήσεις: "challenges."

17 πρᾶγμα: here, "course of action," i.e., βάσανος (slave torture). Demosthenes tells us that "no statements made as a result of βάσανος have ever been proved to be untrue" (30.37); therefore, a failure to produce one's slaves for questioning indirectly proves one's guilt (dB. 50).
οἵτινες: sc. εἰσίν.
καταστῆσαι < καθίστημι, "to established x (as)."
ἴσως μέν ἐστιν ἀηδὲς Φανοστράτῳ: That is, it would be inappropriate for Philoctemon to speak of his own grandfather's misdeeds, but the speaker is free to do so (hence an advantage of using a συνήγορος to speak on one's behalf).
ῥηθῆναι < ἐρῶ, "say."
ῥᾷον: comparative adverb of ῥᾴδιος.

18 ἐβίω < βιόω, "live"; second aorist.
τὸν ... πλεῖστον: accusative of extent of time.
οὐσία: "property."
τἆλλ' = τὰ ἄλλα, with crasis and elision; accusative of respect.

Oration VI   41

γήρως: See on 9.
οὐ μικρά: litotes.
ἐλυμήνατο < λυμαίνομαι, "cause ruin."
διώλεσε < διόλλυμι, "destroy entirely."
διαφοράν: "quarrel."

19 ὡς ἂν δύνωμαι διὰ βραχυτάτων: sc. λόγων; "as briefly as I can."
ἀπελευθέρα: Freedmen and freedwomen in Athens had few privileges, excepting, of course, their "freedom": they could not own land, were subject to special taxes, and the children of their marriages were not Athenian citizens. Indeed, their freedom was limited: they were still under obligation to their former master (H. 184-185).
ἐναυκλήρει < ναυκληρέω: "to be manager of a tenement-house" (lit., "to be a shipowner").
ἐν Πειραιεῖ: Piraeus is a promontory four miles south-west of Athens, with three harbors; it was the city's main port.
παιδίσκας: "girls, prostitutes."
ἐκτήσατο < κτάομαι, "acquire."
ἣν καὶ ὑμῶν οἶμαι πολλοὺς εἰδέναι: The fact that the judges are assumed to know (or know of) Alce is not meant to be shocking or disgraceful; in Attic oratory, the ubiquity of prostitutes is taken for granted and even celebrated.
ὠνηθεῖσα < ὠνέομαι, "buy"; here passive.
καθῆστο ἐν οἰκήματι: literally, "sat in apartments," a technical term meaning "was a prostitute."
ἀνίσταται: it is unclear whether she left the profession on her own volition (middle) or not (passive)—the latter implying that there was an age at which prostitutes were no longer desirable.

20 διαιτωμένῃ < διαιτάω: "live"; dative with συνῆν.
ζημίαν εἰργασμένος: "having made a penalty," i.e., having committed a crime.
Σικυῶνα: Sicyon is a city west of Corinth.
ἄνθρωπον: "person," not "man."
ἐπιμελεῖσθαι: "care for" + genitive.
Κεραμεικῷ: the "Potters' Quarters" at Athens, partly inside and partly outside the city walls (F. 214).
οὗ: "where."
ὤνιος: "buyable," i.e., "sold"; sc. ἐστιν.

21 κατοικισθεῖσα < κατοικίζω, "settle, place."

φοιτῶν < φοιτάω: "visit."
τὸ ἐνοίκιον: "the rent."
τὰ πολλά: "the majority (of the time)."
χαλεπῶς ... ὑέων: genitive absolute with concessive sense.
οὐχ ὅπως ἐπαύσατο: "not that he stopped," i.e., "not only did he not stop (visiting her)."
τελευτῶν: participle used as an adverb, "in the end."
διῃτᾶτο: See on 15. This does not necessarily mean Euctemon had divorced his wife.
οὕτω διετέθη (< διατίθημι): "he was reduced to such a condition."
τοῖν παίδοιν: dual masculine genitive.
εἰσαγαγεῖν εἰς τοὺς φράτορας ἐπὶ τῷ αὑτοῦ ὀνόματι: standard practice in the process of adoption, as well as in rites of affiliation of biological sons.

22 συνεχώρει < συγχωρέω: "go along with x (dative)."
ἀπηνέχθη < ἀποφέρω, "carry off, remove."
κούρειον: "the sacrificial victim" at the Koureia (part of the yearly Apaturia, at which the parentage was publicly declared). Presumably a phratry member could prevent or delay the admission of a candidate simply by removing the sacrificial victim from the altar.
ἐπηρεάζειν: "insult, threaten abusively."
ἐγγυᾶται γυναῖκα: ἐγγυάω, in middle, "take in pledge (as) wife, pledge to marry." While some scholars take this passage as evidence of lawful polygamy, Wyse (more plausibly) asserts that Euctemon has *divorced* his first wife, a fact suppressed by the speaker lest it "injure the effect of his pleading" (W. 495).
Δημοκράτους τοῦ 'Αφιδναίου: a politician, according to Hypereides (4.3) (W. 509).
ἀποφανῶν ... εἰσποιήσων: future participles expressing purpose; ἀποφαίνω here is "recognize (as his own)." Euctemon could not have meant he intended to *adopt* them, as he already had a son—one of the criteria for the adopter is not having any sons. Therefore, Euctemon must have intended to produce more children.
ἐᾶν < ἐάω, "allow x (accusative) to y (infinitive)"; infinitive complementary to συγχωροίη.

23 ἀναγκαῖοι: "relatives."
φανήσοιντο: "appear, come into being."
μείζους = μείζονες, comparative of μέγας.

ἐφ' οἷς: "on the conditions which"; these conditions are spelled out: χωρίον ἓν δόντα: "giving a single farm," i.e., this is the extent of his inheritance.

24 ἀπορῶν δ' ὅ τι χρήσαιτο: "not knowing in what way he should use, deal with x (dative)"; optative for deliberative subjunctive.
ἀπηλλάγη < ἀπαλλάσσω, "set free from, release from"; aorist passive; γυναικός presumably refers to the sister of Democrates of Aphidna.

25 ἀστῆς: "citizen woman"; after 451/0, children born to a non-citizen parent were automatically considered νόθοι (bastards) (T. 179).
οἷος τε ἦν < οἷός τε εἶναι.
ἄν: taken with the main verb as apodosis of past contrary-to-fact condition; the protasis is γνησίους ὄντας.
ἐπὶ ῥητοῖς: "on (the) stated conditions," i.e., receiving only a small portion of the estate.
πατρῴων: "father's property."

26 τοῖν παίδοιν: See on 21.
λόγον ἐποιεῖτο: "say a word about, mention" + genitive.
αὐτὸν ἐκεῖνον: i.e., Philoctemon.
οὕς: connecting relative; translate as "these."
διαρρήδην: "explicitly."
ὡς: "as proof that."

27 περὶ Χίον: a military expedition not mentioned elsewhere in the historical record—probably trivial.
τοὺς κηδεστάς: here, "sons-in-law"; see on 7.
βούλοιτο: optative in secondary sequence indirect statement.
τὸν ὑόν: i.e., Philoctemon.
τὰ ... πεπραγμένα: "the things done by him (Euktemon) regarding his (Philoktemon's) son," that is, the terms of the will. οἱ is the third person reflexive pronoun used as dative of agent with the perfect passive.
καταθέσθαι < κατατίθημι, "deposit" in a place of safety.
Τιμοθέου: an Athenian general; this expedition was probably in 375 or 373 BC (F. 218).
ἐξώρμει < ἐξορμέω: "lie at harbor."
Μουνυχίασι: "at/in Munychia," one of the harbors in Piraeus.
παρών < πάρειμι (εἰμί).
συναπέστελλεν: "was (joining in) dispatching, sending off."
οὐ: See on 20.

ἐφ' οἷς: "(setting out) on what terms."
τούτων: refers back to τινας.

28 ὡς: "as"; sc. τις πράττει.
ὅ: i.e., that the child was legitimate.
αὐτὸ τοῦτο: "this very fact."
φύσει < φύσις, ἡ, "nature."
ὑέσιν < υἱός, dative plural.
δόσιν: "gift."
ὅτῳ: i.e., τοῦτον (object of ἐᾷ < ἐάω, "allow") ὅτῳ (dative of possession).
ὦσι: subjunctive (of εἰμί) in the protasis of a present general condition.

29 ὑποπεπτωκότες < ὑποπίπτω, "fall subject to x (dative)."
οἵδε: i.e., Androcles and Antidorus, the plaintiffs.
ἀπολλύμενον τὸν οἶκον: "the property being used up."
ὅτι ... ἀφορμή: epexegetic (explanatory) clause, object of ὁρῶντες.
συνεπιτίθενται: "work together in attacking"; sc. τὸν Εὐκτήμονα.

30 ἀνελεῖν < ἀναιρέω, "cancel, annul."
ὡς: introduces clause of alleged cause, "on the ground that."
φανερᾶς οὐσίας: "real property" (as opposed to money); genitive with κύριον.
οὐδένα ... ἔσεσθαι: accusative subject plus infinitive in implied indirect statement.
ἀποδόμενος < ἀποδίδωμι: in the middle, "give away of one's own free will," i.e., "sell."
τῶν ὄντων: "his belongings, assets, property."
βεβαίως: "securely."
ἕξειν < ἔχω, future infinitive with subject accusative; the subject is αὐτούς, the boys.

31 ἀπῄτει < ἀπαιτέω, "demand back x (accusative) from y (accusative)."
εἰς: "to/for."
κατάστασιν ἐμφανῶν: a legal term, "presentation of visible goods in court," in this case, presentation of the will. ἐμφανῶν < ἐμφανές.
καταστάντος < καθίστημι, intransitive second aorist, "come before."
ἔλεγεν: sc. Εὐκτήμων.

32 ἐκείνῳ: i.e., Euctemon; dative after ὡμολόγει.
ἀναιρεῖν: sc. "the will."

Oration VI

τοῦ δὲ Χαιρέου ... ἀνελεῖν: anacolouthon (change in syntactical structure); understand as an independent unit, as if set off by dashes. Wyse translates as: "but, as Chaereas, who was one of the depositors (συγκαταθεμένου), had left an only daughter, he thought it right not to destroy the deed until a legal representative of the girl presented himself (κύριος κατασταίη)."
ἐγίγνωσκε: "decreed, ruled."
παρέδρων: "assessors." "The Archon, the King Archon, and the Polemarch each have two assessors of their own choice" (Aristotle, *Constitution of the Athenians* 159).

33 οὗπερ ἕνεκα: "on account of which very thing," i.e., "for precisely the reason."
ἔπεισαν < πείθω, "persuade."
'Αθμονοῖ < 'Αθμονόν, locative; deme in the northern part of the Attic plain, 7 miles NE of Athens.
μνῶν: genitive of price; 1 mna = 100 drachmai. In the fifth century, 1 drachma = a day's wage, but we must allow for some inflation in the fourth century.
τὸ δ' ἐν Σηραγγίῳ βαλανεῖον: The location of these baths has been discovered at the eastern foot of the hill of Munychia (F. 222).
τρισχιλίων: sc. δραχμῶν.
ὑποκειμένην: "mortgaged."
ἱεροφάντῃ: The hierophant had the primary duty of displaying the sacred emblems at the Eleusinian Mysteries, and was a member of the *genos* of the Eumolpidae (F. 223).
αἶγας < αἴξ, "goat."
ὀρικά: adjective from ὀρεύς, "mule."

34 πλείονος: genitive of price.
ἅ: "(all of) which."
ἐπράθη < πιπράσκω, "sell"; aorist passive.
πάνυ: with διὰ ταχέων.
εἰρημένων < λέγω.

35 τοῦτον τὸν τρόπον: take adverbially with εἶχε.
ὑπολοίπων: i.e., the remaining property.
κομιδῇ: adv., "entirely."
ἀπειρηκότα < ἀπεῖπον, "forbid, renounce, be worn out."
ὅπως ... ἔσοιτο: object clause after verb of effort (ἐσκόπουν); ἔσοιτο is in the optative, because it is in secondary sequence.
δι' αὐτῶν: "through themselves," i.e., in their own hands (W. 523).

36 ἀπογράφουσι: "they register." An ἀπογραφή is a register, a list.
τὼ παῖδε τούτω: dual masculine accusative.
πρός: "before."
ὡς εἰσποιήτω ... τετελευτηκόσιν: i.e., Androcles and Antidorus say the boys are the adopted sons of Philoctemon and Ergamenes.
εἰσποιήτω: dual masculine accusative < εἰσποίητος, "adopted."
μισθοῦν < μισθόω, "lease out."
ἀποτιμήματα: "mortgaged property, security"; predicative.
ὅροι: stone tablets set up on mortgaged lands as a register of debt.
τεθεῖεν < τίθημι, aorist optative passive.
μισθωταί: "one who pays rent, tenant."
προσόδους: "income."

37 προεκήρυττεν: "made a public proclamation" putting the lease up for auction.
ἐμισθοῦντο: conative ("attempted to x") imperfect.
ἐλθόντες: sc. οἱ οἰκεῖοι.
ἔλαθεν < λανθάνω, "go unnoticed"; sc. ἐπιβουλή as subject.
ἀπωλώλει < ἀπόλλυμι, intransitive pluperfect, "perish, be lost."

38 γνωρίσαι < γνωρίζω, "make acquaintance with x (accusative)."
ἐκέκτητο < κτάομαι, "acquire"; in perfect, "possess."
ἅμα ... τε ... τε ... τε: connecting three parallel infinitive clauses; the subject of the first and third is ἀμφοτέρους, while μηδέν is the subject of the second.
λῃτουργεῖν: "perform liturgies" (i.e., public services required of the richest Athenians).
τῶν τε ἀρχαίων ... τῶν τε προσόδων: "capital" and "revenues" (W. 528).
πραθῆναι: See on 34.
τῶν ... προσόδων: partitive genitive with περιποιεῖν, "save up (part) of the revenues."
οὕτω διετέθη: See on 21.
ἠφανίσθαι < ἀφανίζω, "make disappear."

39 ἐξήρκεσεν < ἐξαρκέω, impersonal, "it is enough for x (dative)," i.e., "x is content with" + infinitive.
διαφορῆσαι: "carry away, plunder."
εἰς τοῦτο ἦλθον τόλμης: lit., "they came to this point of audacity"; translate as "they were so audacious."
τοῖν θυγατεροῖν: dual feminine dative.

Oration VI

ᾤκει < οἰκέω, "inhabit"; takes accusative of place inhabited.

40 πυθόμεναι < πυνθάνομαι, "learn from x (genitive)."
εἴων < ἐάω, imperfect third person plural.
ἀπέκλεισαν: "shut (them) out."
προσήκειν: See on 14.
μόλις: "scarcely," i.e., "with difficulty."

41 δευτεραῖον: "for a second day."
οἷον εἰκός: "as is fitting/reasonable."
περὶ τὸν τελευτηκότα ἦσαν: The women were entrusted with washing and dressing the corpse, wrapping a fillet around his head, and laying him out in the house to be viewed by the relatives. Finally, they were expected to mourn: wailing loudly, tearing their hair, beating their breasts, even scratching their cheeks (B. 192).
οὗτοι: i.e., the speaker's clients.
τοῖς ἀκολουθήσασι < ἀκολουθέω, "follow."
ὡς εἶχε: "how they were" (ἔχω + adverb = εἰμί); prolepsis.
ἠρώτων < ἐρωτάω, "ask."
τετραμμένα < τρέπω, "turn, move around."

42 ἐξενηνοχότες εἶεν < ἐκφέρω, periphrastic form of verb.
ἀξιούντων: ἀξιόω here has the sense of "think one has a right to" plus infinitive; genitive absolute with τῶνδε.
φωρᾶν < φωράω, "search the house."
ἐξαιτούντων: "demanding (for torture)."
ἠθέλησαν: sc. Antidorus et al.
ταυτί: ταῦτα + deictic iota ("these here").

43 τὴν τιμήν: "the proceeds."
προσόδους: See on 38.
εἰς τοῦτο ἀναιδείας: See on 39.
εὐθυδικίᾳ: See on 3.
διεμαρτύρουν: See on A.
τἀναντία = τὰ ἐναντία, with crasis.
οἷς = τούτοις ἅ.

44 οἵτινες: "these," as often at the beginning of a sentence; here, particularly emphatic: "these *very same* men."
τὸν μὲν ... τὸν δ': "the one ... the other."
εἰσποίητοι: i.e., by Philoctemon and Ergamenes (F. 228).

ἐπανιέναι: a formal procedure, "go back, return"; in fact, an adopted son had to sever (almost) all ties with his own father and with his father's family upon adoption into another house (M. 100).
ἐὰν ... γνήσιον: See [Dem.] 44.33, 46, 47, 64 for this law.
ἐξ ὧν: "from what"; see on 2.
ἀνάγκη: sc. ἐστι; the construction takes accusative subject plus infinitive.

45 ἦν < ἐστί: "it is possible."
τοῖσδε: i.e., the speakers' clients.
προσῆκον: neuter participle modifying οὐδέν; accusative absolute, with ὡς: "on the grounds that."

46 εἴληχε < λαγχάνω, as a legal term, "obtain leave to bring a suit"; here, "claim x (genitive) for y (dative)"; note that this verb governs both τῆς θυγατρός and τοῦ κλήρου.
τῆς θυγατρός: i.e., the widow of Chaereas.
ἐπικλήρου: "heiress." An ἐπίκληρος, however, did not really "own" the inheritance: it merely remained with her until her son could inherit it (M. 95-98).
πέμπτου μέρους: said to be corrupt; Wyse and others cannot explain why a 1/5 part should have been claimed (W. 533-534).
ἐπιδίκου: See on 4.
λήξεις < λῆξις, "written complaint lodged with archon" as a first step in private actions. Thus ἔλαχε ταύτας τὰς λήξεις means Androcles has filed the suit to claim what was mentioned above.
ἀναγνώσεται: sc. as subject "the clerk."

47 τοὐναντίον = τὸ ἐναντίον, with crasis.
συμβέβηκεν < συμβαίνω, "happen."
ἐστι: here, "is permitted" (takes accusative subject plus infinitive); for this law, see [Dem.] 43.51 (W. 534).
ἱερῶν ... ὁσίων: "sacred and profane," genitive following ἀγχιστείαν ("kinship rights of ..."). The cult of the dead is an important component in the expression of family identity (B. 194).
ἀπ' Εὐκλείδου ἄρχοντος: 403/402 BC. This is a famous year, marking the re-establishment of democracy, the shift to Ionic alphabet, and possibly the rewriting of laws.
ἀφελόμενοι < ἀφαιρέω, "rob."

48 τοῦτον τὸν νόμον: This law was most likely the one that excluded slaves and women of servile origin from participating in the Thesmophoria (W. 536).

49 ταυτί: See on 42.
γράμματα: here, "terms" (of the law).
οὕτω: i.e., in the way outlined in the law just read.
ἐνομοθετήσατε < νομοθετέω, "ordain by law."
περὶ πολλοῦ ποιούμενοι: "considering (it) of importance" (a common idiom).
ταύτας: i.e., Demeter and Kore, the goddesses honored at the Thesmophoria.

50 συμπέμψαι: "escort."
ἐξῆν < ἔξεστι, "it is permitted."

51 τὸν ἐκ ταύτης: Alce's son.
Φιλοκτήμονος: But it was *Euctemon*'s estate they claimed! Presumably, the speaker says this because Chaerestratus' claim is through Philoctemon.
χεόμενον: future < χέω, "pour libations," here, to the dead.
ἐναγιοῦντα < ἐναγίζω, "offer sacrifices" to the dead.
ἐπί: here, "in the power of x (dative)."
ἐκδοῦναι < ἐκδίδωμι: "give in marriage."
ὅτῳ = ᾧτινι.
ἐᾶν: See on 23.
ἐπιδικασθεῖσαν: See on 14.

52 τουτί ... δύναται, ἵν': "is able in this way in order that," i.e., "has this power/purpose that."
διαμαρτυρία: See on A.
τοῖσδε: i.e., the speaker's clients.
περὶ τούτων: take with ὁ κίνδυνος.
κἂν = καὶ ἐάν, governing both διαμάρτωσι and δόξῃ.
διαμάρτωσι < διαμαρτάνω, here, "lose" (their case).
ἀντιγραψάμενοι: "filing a competing claim."
διέθετο: See on 5.
μὴ ἐξόν: accusative absolute.
ὡς: with participle, "on the ground that."
κύριος: "entitled to."
μὴ διαμαρτυρίᾳ κωλύειν: sc. χρῆν.
εὐθυδικίᾳ: See on 3.

53 [τις]: bracketed because the subject of ἐξελεγχθείη is more likely Androcles than a general someone.
ἐξελεγχθείη < ἐξελέγχω, "convict of" + participle.
οἶσθα < οἶδα.
οἶσθα Φιλοκτήμον' ὅτι: take as: οἶσθα ὅτι Φιλοκτήμων; prolepsis.
οἷς = ταῦτα οἷς: ταῦτα, the object of μαρτυρεῖν, refers to Philoctemon's making of a will and adopting of Chaerestratus.
ἀκοήν: "(as) hearsay."

54 οἷόν τε: "be able."
ὅμοιον ... ὥσπερ: "it (is) like just as if," i.e., "it is precisely as if."
εἰδέναι < οἶδα.
μὴ παραγενόμενος: conditional participle, as the use of μή rather than οὐ makes clear..
ἐρεῖ < ἐρῶ, "say," future.

55 ἔχθιστον: superlative of ἐχθρός.
τούτῳ: i.e., Philoctemon.
τούτῳ καὶ τοῖς ἄλλοις συνεπιβουλεύσας τοῖς ... χρήμασι: "plotting with this man and the others against the property."
ἀπέδειξα < ἀποδείκνυμι, "show."

56 ἡμᾶς: Wyse suggests bracketing this, saying that the speaker could not possibly think himself among the children of Euctemon's daughters (542); Forster prefers to maintain it, saying the speaker is simply associating himself with his clients (237).
ἐλέγχονται < ἐλέγχω, "prove wrong."

57 ἐξ ὧν: See on 44.
ἐπίτροποι: take in apposition to αὐτοί, "as guardians."
διαπεπραγμένοι εἰσί: middle, periphrastic form.
εἴληχε: "claim x (genitive)"; see on 46.

58 τὸν ἐπίτροπον ... λαγχάνειν: accusative subject + infinitive after δεινόν (sc. ἐστιν).
ἐναντία ἐστίν: By giving a *diamarturia* to the effect that the boys were legitimate, Androcles was saying the estate was not adjudicable (see on 4); however, by claiming Euctemon's daughter as *epikleros*, he was accepting that the estate *was* adjudicable. He thereby weakened his case by his own (contradictory) actions.

Oration VI

59 τούτῳ: i.e., Androcles; take with both ἐπίδικον and ἐξῆν.
τῆς ἀμφισβητήσεως: here, "right to claim."
παρεκβάσεις: "digressions."
κατὰ μικρόν τι: "in certain small pieces."
ἐπιμνησθῇ < ἐπιμιμνήσκομαι, "mention."
οἵδε: i.e., the speaker's clients.
διὰ δὲ ταῦτα: apodotic (superfluous) δέ; sc. οἴεται. This is the apodosis to the triple condition ἐάν ἐγχειρήσῃ ... ἐπιμνησθῇ ... λοιδορήσηται.

60 τῆς δὲ τούτων ... εἰς αὐτοὺς τούτους: In a democratic state, it is useful to apologize for one's wealth; the speaker cannot deny his clients' wealth, but he can point out that they spend their money justly—helping the δῆμος.
πλείω: See on 14; subject.
τετριηράρχηκεν: See on 1.
τηλικοῦτος: "at such an age," i.e., so young.
ὤν: has concessive sense.
κεχορήγηκε ... τραγῳδοῖς: "was χορηγός for the tragic chorus." The χορηγός paid for costumes, training, and maintenance of the chorus. For the cost of tragic χορηγία, see Lysias 21.
γεγυμνασιάρχηκε ... λαμπάδι: The gymnasiarch, who was charged with supervising the παλαίστρα (athletic training grounds), was responsible for paying the training-masters and funding the torch races at certain festivals (the following had torch races: Panatheneia, Bendidia, Prometheia, Hephaisteia, festival of Pan) (W. 544).
εἰσφοράς: a property tax levied in times of war.
εἰσενηνόχασιν < εἰσφέρω, here, "pay."
ἐν τοῖς τριακοσίοις: The "Fortune 300" of Classical Athens was liable to this war-tax.
τέως: here, "up to this time."
ὁ νεώτερος οὑτοσί: i.e., Chaerestratus' younger brother.

61 οὗτοι: i.e, the opponents.
λήψονται < λαμβάνω, "take."
ἄν = ἐάν.
ἐπιδικάσηται < ἐπιδικάζομαι, "succeed in claim to x (genitive)."
ὅδε: i.e., Chaerestratus.
ταμιεύσει: "manage" (usually estates).

62 οἴσετε < φέρω, here, "cast (a vote)."

ταύτην: i.e., the protestation.

[ὁ δοὺς καὶ ὁ διαθέμενος καί]: Definitely not necessary: a superfluous repetition of the previous line, and more importantly, it does not fit in grammatically. W. hesitates in deleting this phrase, though: he favors adding ἐκεῖνος after διαθέμενος, but admits the emphasis would then be wrong—focusing on the person rather than the act (the latter of which is what is being disputed) (W. 546).

63 τελευτῆσαι ἄπαιδα Φιλοκτήμονα: implied indirect discourse.
ἀδελφιδοῦν: "nephew."
ὁμοίως ... καί: "the same as."

64 ὥσπερ ἂν ὑμῶν ἕκαστος: sc. ἐπιδεικνύοι.
οὐ γὰρ ... γνήσιοί εἰσιν: Take οὐ with γνήσιοί εἰσιν, ἄν as ἐάν; i.e., οὐ γνήσιοί εἰσιν ἐὰν εἴπῃ μητρὸς ὄνομα.
ἀκηκόασι < ἀκούω.
ἴσασιν < οἶδα.
τέθαπται: i.e., the putative mother Callippe.

65 εἶδε < ὁράω, "see."
τὰ νομιζόμενα: "the customary rites."
τίς: Take with τῶν πολιτῶν ἢ τῶν οἰκετῶν.